Die Abenteuer des Simplicissimus
nacherzählt für Kinder, Jugendliche und Junggebliebene

Die Abenteuer des Simplicissimus

nacherzählt für Kinder, Jugendliche und Junggebliebene

Text: Simone Grünewald, M.A.
Illustrationen: Klaus Puth

Bibliografische Information der Deutschen Nationalbibliothek
Die Deutsche Nationalbibliothek verzeichnet diese Publikation in der
Deutschen Nationalbibliografie; detaillierte bibliografische Daten sind
im Internet über http://dnb.d-nb.de abrufbar.

1. Auflage 2022

© Copyright TRIGA – Der Verlag
Alle Rechte vorbehalten

Herstellung: TRIGA – Der Verlag UG (haftungsbeschränkt), GF: Christina Schmitt
Leipziger Straße 2, 63571 Gelnhausen-Roth
www.triga-der-verlag.de, E-Mail: triga@triga-der-verlag.de

Druck: optimal media GmbH, Berlin
Printed in Germany

ISBN 978-3-95828-272-8

Für Elisabeth

Liebe Leser (m/w/d),

dieses Buch soll neugierig machen, neugierig auf das grandiose Werk des Dichters Hans Jacob Christoffel von Grimmelshausen – und auf seinen Schelmenroman »*Der Abentheuerliche Simplicissimus Teutsch*«. Es soll eine Brücke schlagen in die sogenannte Barockzeit. Der Weg über diese Brücke führt fast 400 Jahre in die Vergangenheit, direkt in die fantasievolle Welt des großartigen Dichters. Grimmelshausen schreibt originell, witzig, verrückt, teilweise vollkommen abgefahren, spannend und manches Mal überraschend aktuell.

Um den Zugang zu erleichtern, erzähle ich die Geschichte in meinen Worten, in moderner Umgangssprache. Das wirkt vielleicht manchmal ein bisschen frech – aber genau das macht Grimmelshausen aus.

Natürlich musste ich an der einen oder anderen Stelle schweren Herzens ein bisschen kürzen. Deshalb ist neben jeder Kapitelüberschrift ein kleines Büchlein abgebildet, das die Stelle in der Originalversion angibt. So kann der interessierte Leser die Stelle schnell im »Ur-Simplicissimus« finden.

Schon während meines Germanistik-Studiums hat mich die Begeisterung für Grimmelshausen gepackt, ich schrieb meine Magisterarbeit über seine Werke und seither begleitet er mich.

Der Zufall oder das Schicksal wollten es, dass ich in seiner Geburtsstadt Gelnhausen arbeite und dort neben der Abteilung für Kultur und Tourismus auch das Museum leite.

Natürlich ist Grimmelshausen dort ein ganzes Stockwerk gewidmet und im Kontakt mit den Besuchern merke ich immer wieder, dass meine Begeisterung überspringt, wenn ich aus Grimmelshausens Werk erzähle. In mir wuchs die Idee, das vorliegende Buch zu machen. Konkret wurde sie dank der »Arbeitsfreundschaft« mit dem Karikaturisten Klaus Puth, dessen humorvolle und liebenswerte Zeichnungen mich schon seit Jahren begeistern und dessen feiner Humor so perfekt zu meinem geliebten Grimmelshausen passt. Und der spontan meine Begeisterung teilte.

Grimmelshausen veröffentlichte den Simplicissimus übrigens nicht unter seinem echten Namen, sondern unter einem sogenannten »Anagramm«. Es vertauschte die Buchstaben seines Namens und bildete neue Namen daraus. Diesen Spaß erlaubt er sich im Simplicissimus sogar mehrfach. In den Fußnoten erkläre ich solche »Insiderinformationen« und manches mehr. Aber nun genug …

Viel Spaß beim Lesen wünscht

Esnomi Dürwelang,
äh, ich meine natürlich:
Simone Grünewald

P.S. Im Idealfall zeigt die Nacherzählung, dass der barocke Simplicissimus es wirklich wert ist, die Mühe der manchmal etwas schwierigen Formulierungen auf sich zu nehmen und in seine gewaltige Sprachwelt einzutauchen. Vielleicht gelingt es, den einen oder anderen für das Original zu begeistern …

Die handelnden Personen

Simplicius Simplicissimus

Hauptfigur, erzählt rückblickend seine ziemlich verrückte Lebensgeschichte. Lustiger Kerl, der schier unglaubliche Dinge erlebt mit einem latenten Hang, Entführungsopfer zu werden. Kommt ganz schön rum, ist unfassbar bescheiden und wird immer wieder mal Pilger oder Einsiedler. Gibt sich aber ebenso regelmäßig wieder. Manche seiner Geschichten kann man kaum glauben…

Einsiedel

Spielt eine große Rolle in Simpels Leben. Zieht ihn im Spessart auf und erzieht ihn auch gleich dabei. Später stellt sich vollkommen überraschend raus, dass er in Wirklichkeit… Ups! Spoileralarm.

Olivier

Soldaten- und Jägerkollege bzw. -konkurrent von Simplicissimus. Entpuppt sich als richtiger Drecksack. Skrupelloser Mörder und Verbrecher. Den mag echt gar keiner.

Junger Herzbruder

Bester Freund des Simplicissimus. Hat viele Neider, oft Glück, manchmal Pech und die beiden halten zusammen wie Pech und Schwefel. Bis zum Sauerbrunnen, da endet die Freundschaft leider. Warum, wird hier nicht verraten. Soll ja spannend bleiben.

Alter Herzbruder

Vater des jungen Herzbruder. Begabter Zauberer und Prophet. Dummerweise bewahrheiten sich alle seine Vorhersagen, auch die seines eigenen Todes.

Courasche

Simpels Kurschatten. Jubelt ihm ein Kind unter und meldet sich im Fortsetzungsroman zum »Abenteuerlichen Simplicissimus Teutsch« ausführlich zu Wort. Steht ihren Mann in der brutalen, rücksichtslosen Kriegswelt, lässt sich nie unterkriegen. Tolle Frau!

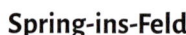

Spring-ins-Feld

Simpels Kumpel und Soldatenkamerad. Sie machen zusammen jede Menge Blödsinn, Raubzüge etc. Verschwindet irgendwann von der Bildfläche, taucht aber in den Nachfolgeromanen wieder auf, weil er mit Courasche … ach, ne. Das führt zu weit. Darf ja nicht alles vorher verraten werden.

Fürst vom Mummelsee

Lernt Simpel auf einem unerwarteten Tauchausflug im Schwarzwald kennen. Dabei trifft er auch noch dessen König im Mittelpunkt der Erde. Gehen aber aus umwelttechnischen Gesichtspunkten wieder getrennte Wege.

Jupiter

Römischer Gott auf Erdurlaub oder durchgeknallter Fantast.
Da scheiden sich die Geister. Hat ein gespaltenes Verhältnis
zu Insekten, aber ziemlich konkrete Pläne.

Baldanders

Gestaltwandler, beherrscht diverse Zaubersprüche und
lebt im Wald. Komischer Kauz.

Kapitän Jean Cornelissen

Holländischer Schiffskapitän, der versehentlich die Kreuzinsel findet und Simpels Lebensgeschichte zurück in die
Welt bringt. Ohne ihn gäbe es dieses Buch gar nicht.

Ich wurde durch Feuer, wie Phönix, geboren
Ich flog durch die Lüfte und ging nicht verloren
Ich reiste durchs Wasser, ich ging über Land.
In solchen Reisen machte ich mir bekannt
Was oft mich betrübte und selten ergetzt.
Was war es? Ich hab's in dies Buch hier gesetzt.
Damit sich der Leser, so wie ich jetzt tue
Lass' ab von der Torheit und lebe in Ruhe.[1]

---

1   Dieses Bild war das Titelbild des originalen Simplicissimus. Man sieht ein Mischwesen, das aus verschiedenen Tierteilen zusammengebaut ist. Das nennt man Chimäre. Zusammen mit dem Gedicht drunter haben die Leser vor etwa 400 Jahren vermutet, dass das Buch ziemlich spannend sein könnte und von der ganzen Welt handelt. Allein zu dieser Chimäre wurden schon ganze Bücher geschrieben.

DIE ABENTEUER
DES SIMPLICISSIMUS TEUTSCH[2]

Das ist die Lebensbeschreibung eines seltsamen Landstreichers
genannt Melchior Sternfels von Fuchshaim[3].

Das Buch erzählt,
wie und wo er in die Welt geraten ist,
was er in der Welt erlebte
und warum er diese Welt freiwillig wieder verlassen hat.

Sehr lustig und außerordentlich nützlich zu lesen!

Herausgegeben von
German Schleifheim von Sulsfort[4]

Monpelgart
Gedruckt bei Johann Fillion
Im Jahr 1669

---

2   So heißt das Buch im Original und das stand in etwa auf der Titelseite. Damals liebten sie
   ellenlange Titel.
3   Wie im Vorwort beschrieben, benutzt der Autor Grimmelshausen gern sogenannte *Ana-gramme*. Baut man die Buchstaben dieses Namens um, ergibt sich: Christoffel von Chrim-melshausen (Hier hat er mit dem G und dem C ein bisschen getrickst. Damals gab es aber
   noch keinen Duden. Rechtschreibung konnte man relativ entspannt sehen.)
4   Und es kommt gleich noch ein Anagramm. Es ergibt diesmal: Christoffel von Grimmels-hausen.

Das erste Buch

1   Meine frühe Jugend, mein erster Job und mein treuer Dudelsack.

 Kap. 1-3

… man glaubte, dass die Welt zu Ende geht, wollte jeder etwas Besseres sein.[1] Außer mir natürlich. Aber ich fang lieber vorn an, schließlich soll das hier meine Lebensgeschichte werden …

Mein Papa, oder besser *Knan*, denn so heißen die Väter hier im Spessart, hatte einen todschicken Palast. Na ja, nicht so, wie ihr ihn euch jetzt vorstellt vielleicht. Unser Palast war nicht aus Marmor und Gold und so.

---

[1]   Klingt etwas komisch, zugegeben. Aber zu *meiner* Zeit, also fast 400 Jahre vor eurer Geburt, glaubten wirklich viele, dass die Welt bald untergehen würde. Und man sprach auch so gestelzt – aber das versteht ja heute keiner mehr. Also passe ich mich besser eurer Sprache an. Und lasst euch von den Fußnoten nicht stören. Darin kommentiere oder erkläre ich manchmal was. Ihr könnt sie auch einfach überlesen.

Er war aus ganz echtem Holz, das ja immerhin Jahrzehnte braucht, um zu wachsen! Die Innendeko war edler als feinste Seide, alles war überzogen von hauchzartem Gewebe, das unzählige, fleißige Spinnen in jahrelanger Arbeit an unsere Wände zauberten. Die Fensteröffnungen hatten wir sogar einem Heiligen gewidmet, dem berühmten *St. Nichtglas*. Aber ich will mit unserem vornehmen Hof nicht angeben.

Als kleiner Bub lebte ich tief im Spessart, ungefähr da, wo Fuchs und Wolf einander gute Nacht sagten. Ich ging in keine Schule, deshalb konnte ich mit zehn Jahren kaum bis fünf zählen, aber immerhin einigermaßen Dudelsack spielen. Ich lebte quasi wie im Paradies, denn ich war absolut sündenfrei, weil ich noch weniger Ahnung vom Leben, dem Universum und dem ganzen Rest hatte als Adam und Eva. Immerhin hatte ich einen Job mit Aufstiegschancen.

Ich war ein Hirte[2], wie bekanntlich viele berühmte Heilige aus der Bibel oder die größten Helden der Mythologie[3]!

Also musste aus mir, dem Spessarter Bauernbuben, auch etwas ganz Großes werden, schließlich hatten die alle genauso angefangen wie ich.

Fürs Erste aber sollte ich unsere Herde vor dem Wolf beschützen, von dem ich allerdings nicht so genau wusste, wie er eigentlich aussah.

Um meine Schäfchen zu hüten, spielte ich auf meiner Sackpfeife und sang, so laut ich konnte. Das würde die Wölfe schon vertreiben, dachte ich.

Meine Meuder (so nennt man im Spessarter Dialekt seine Mama) dachte das wohl auch. Denn sie sagte immer, dass von meinem Gesang eines Tages die Hühner tot umfallen würden. Also sollte meine Musik erst recht den Wolf in die Flucht schlagen.

Kaum hatte ich aus voller Kehle ein Lied über die armen Bauern geschmettert, stand ein Trupp *Kürassiere*[4] auf der Matte, die mein Gesang angelockt hatte. Messerscharf folgerte ich, dass diese seltsamen Wesen mit zwei Köpfen und sechs Beinen[5] nur Wölfe sein konnten.

Damit ihr euch das besser vorstellen könnt, hab ich euch ein paar Bilder dazu gezeichnet.

---

2 Wundert euch nicht. Zu meiner Zeit mussten schon kleine Kinder beim Vieh hüten und anderen kleinen Arbeiten helfen. Kinderarbeit war noch nicht verboten.

3 So nennt man die Welt der alten Sagen und Geschichten.

4 Kürassiere sind gepanzerte Soldaten auf Pferden. Sie tragen einen Harnisch, also einen Brustpanzer, und sehen echt fies aus! Da hättet ihr auch Angst bekommen, glaubt mir.

5 Ja, in meiner absoluten Ahnungslosigkeit dachte ich wirklich, Pferd und Reiter seien ein einziges Wesen, da ich so was noch nie gesehen hatte, vermutlich also Wölfe.

Wie ihr seht, ließen sich die Soldaten leider von meiner Stimme nicht in die Flucht schlagen, sondern packten mich am Kragen und warfen mich auf ein geklautes Pferd, wo ich kurz fürchtete, mich ebenfalls in so ein sechsbeiniges Monster zu verwandeln. Mit den vermeintlichen *Wölfen* ritt ich zu meinem heimatlichen Hof.

Doch meine Familie hatte sich erst mal verdünnisiert.

2   Jetzt kommt die Zerstörung meiner elterlichen Residenz, meine heldenhafte Flucht, außerordentlicher Mut gegen den Feind und meine Namensgebung.

Kap. 4–8

Eigentlich würde ich über das, was dann passierte, lieber schweigen.

Aber damit ihr meine Lebensgeschichte verstehen könnt, muss ich wenigstens ein bisschen davon erzählen, was für schauderhafte Dinge während des großen Krieges passierten. Denn hätten die Soldaten damals nicht unser Haus komplett zerstört, hätte ich den Wald nie verlassen müssen und wäre vermutlich daheim versauert.

Aber die Soldaten verwüsteten unseren kompletten Hof. Sie rafften alles zusammen, was sie finden konnten, um es zu klauen. Sogar auf dem Klo suchten sie! Ich frage mich echt, was sie da Wertvolles vermuteten! Was sie nicht mitnehmen konnten, schlugen sie kurz und klein oder verbrannten es.

Die Magd, der Knecht, meine Eltern, meine Schwester Ursele und die Bauern wurden grausam gefoltert. Meinem Knan banden sie Hände und Füße zusammen, rieben sie mit Salz ein und ließen es von den Ziegen ablecken. Das kitzelte den Armen so dermaßen, dass er verriet, wo er sein Geld versteckt hatte, damit er sich nicht buchstäblich totlachen musste.[6]

Eine der Mägde rief, ich solle abhauen, und so verkroch ich mich im Wald.

Nachts wachte ich auf und sah unseren Hof lichterloh brennen. Ich war fassungslos und schaute die Szene an wie eine Katze, die vor einem neuen Scheunentor steht. Dann entdeckten mich die Soldaten und schossen auf mich.

Vor Schreck fiel ich um wie tot und konnte mich vor lauter Angst einen ganzen Tag lang

---

6   Aber ich will von den gruseligen Details hier gar nicht so viel erzählen. Wem es nicht blutrünstig genug sein kann, soll sich einfach meine *originale* Lebensgeschichte holen und es da genauer nachlesen.

nicht bewegen, obwohl ich ja eigentlich ein sehr mutiger Mensch bin. Mitten in der Nacht traute ich mich endlich, aufzustehen und rannte planlos zwischen den Bäumen herum, die plötzlich alle wie fiese Monster für mich aussahen.

Irgendwann war ich so fertig, dass ich mich in einem hohlen Baum verkroch und einfach einschlief.

Kaum waren mir die Augen zugefallen, wurde ich von einer Stimme geweckt, die irgendwas von »großer Liebe, undankbaren Menschen, lieber Gott« und so leierte. Eigentlich war mir das so was von egal, aber als ich was von »Hunger und Durst stillen« hörte, spitzte ich die Ohren. Hunger und Durst hatte ich mehr als genug.

Vorsichtig guckte ich aus dem Baum. Da stand ein echt schräger Typ: groß, mit wirren Haaren und Bart. Er hatte einen Rock[7] an, der eigentlich nur aus Löchern und Flicken bestand, und hatte sich um Hals und Oberkörper zwei schwere Ketten gewickelt. Ich zitterte vor Angst wie ein nasser Hund, als ich sah, dass er ein riesiges Kreuz an seine Brust presste.

Wieder dachte ich: So was hab ich noch nie gesehen, das ist jetzt aber bestimmt ein Wolf! Natürlich fing ich sofort an, auf meiner Sackpfeife zu dudeln, um den Wolf damit in die Flucht zu schlagen. Als der Wolfs-Mann zu mir kam und mich ansprach, wurde ich vor lauter Angst und Schrecken schon wieder ohnmächtig.

War nicht meine Woche.

Als ich wieder zu mir kam, lag ich mit dem Kopf im Schoß dieser grausligen Gestalt. Wie ihr sicher verstehen werdet, fing ich sofort an zu schreien wie am Spieß und je mehr er mich beruhigen wollte, um so panischer schrie ich: »Du bist der Wolf und willst mich fressen!«

---

7 Nein, er trug natürlich keine Frauenkleider. *Rock* nannte man in meiner Zeit ein Zwischending zwischen Jacke und Mantel. Vielleicht kennt ihr das Wort *Gehrock* oder *Morgenrock* – da steckt es noch drin.

Mit Essen und etwas zu trinken ließ ich mich beruhigen und schlief vor lauter Erschöpfung ein.

Als ich um Mitternacht aufwachte, hörte ich ihn ein Lied singen:

Komm Trost der Nacht, o Nachtigall,
Laß deine Stimm mit Freudenschall
Aufs lieblichste erklingen.
Komm, komm, und lob den Schöpfer dein,
Weil andre Vöglein schlafen sein,
Und nicht mehr mögen singen:
Laß dein Stimmlein
Laut erschallen, dann vor allen
Kannst du loben
Gott im Himmel hoch dort oben ...

Sein Lied schläferte mich wieder ein[8] und ich schlief tief und fest, bis er mich weckte, um mich, wie er sagte, »wieder zu Leuten ins Dorf« zu bringen. In meiner grenzenlosen Dummheit verstand ich wieder nur Bahnhof. Dabei tat ich wirklich mein Bestes, um zu kapieren, was der Alte von mir wollte.

Unsere Unterhaltung gestaltete sich, gelinde gesagt, holprig. Aber das will ich euch wieder malen, damit wenigstens ihr checkt, wovon unser Gespräch handelte.

---

8   Stimmt. Irgendwie fiel ich von einer Ohnmacht in die nächste oder schlief ein. Aber das war auch wirklich eine emotionale Achterbahnfahrt!

Ihr fragt euch sicher, warum er mir das *Vaterunser* beibrachte. Meine Version gefiel ihm nicht, denn die ging so:

»Unser lieber Vater, der du bist Himmel, heiliget werde Nam, zu kommes d'Reich, dein Will scheh Himmel ad Erden, gib uns Schuld, als wir unsern Schuldigern geba, führ uns nicht in kein böß Versucha, sondern erlös uns von dem Reich, und die Kraft, und die Herrlichkeit, in Ewigkeit, Ama.«

O.k., ich geb zu, nicht ganz das Original, aber doch ziemlich nah dran, oder?!

Der alte Einsiedler stöhnte bei unserem eigenartigen Gespräch immer wieder auf. Ob wegen meiner Dummheit oder aus einem Grund, den ich erst Jahre später erfahren sollte, weiß ich nicht.[9] Aber der Alte hat ja auch gar nix kapiert, ehrlich.

3   Ich kriege außer meinem Namen eine Hütte, Dauer-Reli-und-Deutsch-Unterricht und mehr schlecht als recht zu essen.

Knapp drei Wochen blieb ich bei dem komischen Kauz, der meine grenzenlose Dummheit mittels der Bibel heilen wollte. Er fing wirklich bei Adam und Eva an, erzählte mir von Moses und den zehn Geboten, den Evangelien, dem Leben Christi und machte mir schließlich mit den Geschichten vom jüngsten Tag buchstäblich die Hölle heiß.

So lernte ich von ihm, wie man richtig betete und was gut und böse ist. Nach dreiwöchiger Dauerpredigt war mein bisher quasi leerer Verstand neu programmiert mit den Lehren der Bibel. Da meine geistigen Fähigkeiten immer noch ziemlich übersichtlich waren und ich ja immer noch nicht wusste, wie ich heiße (und er ja auch nicht, also sooo schlau war er gar nicht), gab mir der Einsiedler einen Namen. Er nannte mich *Simplicius*[10].

Erst mal wollte ich bei ihm im Wald bleiben, deshalb bauten wir eine winzige Holzhütte für mich – na ja, eigentlich eher ein windschiefes Zelt – und ich sollte den Alten *Vater* nennen. Machbar.

Eines Tages sah ich, wie er ein Buch in der Hand hatte und dabei seine Lippen bewegte. Messerscharf folgerte ich, dass er sich mit jemandem im Buch unterhielt.

Doch als ich selbst es versuchte, gaben mir die blöden Figuren auf den Bildern keine Antwort. Dass mich das tierisch ärgerte, versteht ihr doch sicher?!

---

9   Ja, das ist gemein, ich weiß. Aber da ich warten musste, bis ich das Geheimnis erfuhr, finde ich es nur fair, euch auch ein bisschen auf die Folter zu spannen.

10   Das ist lateinisch und bedeutet: *Der Einfache*. Ihr dürft mich aber *Simpel* nennen. Mein Name wird eh dauernd umgewandelt.

Grad wollte ich das blöde Ding wegwerfen, da kam der Einsiedel und erklärte mir, was ein Buch ist.

Er brachte mir das Alphabet und danach das Lesen bei. Schließlich lernte ich sogar schreiben, was ich, in aller Bescheidenheit bemerkt, bald besser beherrschte als mein Lehrer selbst. Fast zwei Jahre lebte ich so beim Einsiedler.

Ihr seid sicher neugierig, wie wir die Zeit totschlugen?

Also: Wir aßen, was im Garten so wuchs: Kraut und Rüben, Bohnen, Erbsen, wilde Äpfel, Birnen, Kirschen und sogar Buchen und Eicheln, nicht besonders lecker, aber es macht einigermaßen satt.

Dazu fingen wir Vögel, aßen Schnecken und Frösche (fragt nicht!) und fingen Fische und Krebse in einem Bach. Würzen konnten wir nur mit Salz, das uns ein Pfarrer, der etwa drei Meilen[11] weg wohnte, regelmäßig gab. Wir besaßen eine Schaufel, eine Axt, ein Beil und einen eisernen Topf, in dem wir kochten und ihn anschließend als gemeinsamen Teller benutzten. Jeder hatte ein Messer, ansonsten aßen wir mit den Fingern.

Wasser tranken wir direkt aus einem Brunnen im Wald.

Sonntags schlichen wir uns in die Kirche des besagten Pfarrers, ohne dass uns die Dorfbewohner sahen. Sonst war es ziemlich langweilig bei uns im Wald. Während wir die Zeit mit Gartenarbeit oder Fischreusen[12] flechten (gähn) totschlugen, hatte ich Dauer-Reli-und-Deutsch-Unterricht beim Einsiedel.

Treu nach seinem Motto: *Bete und arbeite.*

Eines Tages ging er mit mir in unseren *Garten* (na ja, wir nannten ihn so), wo wir gemeinsam ein viereckiges Loch gruben. Dann zog er ohne Vorwarnung seine schweren Ketten und sein Übergewand aus, verabschiedete sich von mir und gab mir folgende Lehren mit auf den Weg: *Erkenne dich selbst, hüte dich vor böser Gesellschaft und bleib beständig.*[13]

Dann legte er sich in das selbst geschaufelte Grab, gab mir als seinem Sohn den Segen und starb. Krass oder? Aber es war wirklich so!

---

11   Zu meiner Zeit war der Meter noch nicht erfunden, deshalb wurden Entfernungen in Meilen gemessen. Eine Meile ist etwa 7,5 km lang. 3 Meilen sind also etwa 22,5 km, also 50 km hin und zurück. Ganz schön weit zu laufen für ein bisschen Salz oder einen Gottesdienst, gell? (*gell*: hessisches *question tag*, auf hochdeutsch würde man *nicht wahr?* sagen)
12   Das ist ein sackartiges Netz, um Fische zu fangen.
13   Ja, ich weiß. Ich hab damals auch noch nicht wirklich verstanden, was das heißen sollte. Aber im Laufe meines Lebens kam ich dahinter. Ihr auch, wenn ihr weiterlest …

Ihr könnt euch nicht vorstellen, wie traurig und einsam ich war, als ich ihn begrub.

Ich blieb erst mal allein im Wald, doch meine Neugier auf die Welt wurde immer größer! Zugegeben, meine Langeweile auch. Also ging ich in das Dorf zu dem Pfarrer, dem einzigen Menschen, den ich sonst kannte.

Kaum war ich dort, sah ich schon wieder Soldaten bei ihrem entsetzlichen Handwerk. Sie metzelten Bauern nieder, klauten und verbrannten, was sie finden konnten. Von den grausamen Details will ich euch auch diesmal verschonen, denn das braucht echt keiner!

Doch plötzlich (ich dachte, ich seh nicht recht) stürmte ein riesiger Haufen Spessarter und Vogelsberger Bauern aus dem Wald, die derart auf Krawall gebürstet waren, dass sogar die Soldaten vor Angst davonliefen.

Ich hatte danach die Schnauze von der großen, weiten Welt erst mal gestrichen voll. Deshalb machte ich auf dem Absatz kehrt und ging zurück in meinen Wald. Selbst wenn der alte Pfarrer mich jetzt nicht mehr mit Salz versorgen konnte, weil er selbst am Bettelstab gelandet war. Ich würde mich schon irgendwie durchschlagen. Die Welt jedenfalls konnte mir gestohlen bleiben.

Kap. 14–18

4 Wie ich versuche, ein frommer Einsiedel zu werden, die Soldaten mich nicht lassen und ich von einer neuen Baumsorte träume.

Um selbst ein richtiger Wald-Bruder zu werden, zog ich den fadenscheinigen Rock meines Einsiedlers an und wickelte mir seine Ketten um.

Zwei Tage später, als ich gemütlich neben meiner Hütte saß und beim Beten gelbe Rüben anbriet, umringten mich plötzlich vierzig oder fünfzig Musketiere[14].

Sie machten auf der Suche nach Beute meine Hütte links, aber außer Büchern, mit denen sie nun gar nichts anfangen konnten, fanden sie nichts.

Als sie mich genauer unter die Lupe nahmen und sahen, wie jung und arm ich war, hatten sogar diese Brutalos Mitleid mit mir und ließen mich in Ruhe.

Dann gaben sie zu, dass sie sich komplett verlaufen hatten und seit Tagen im Wald umherirrten. Weil ich keinen einzigen anderen Weg kannte, brachte ich sie zum Dorf des Pfarrers.

---

14 *Musketiere* sind Soldaten, die mit der *Muskete*, einer Art langem Gewehr, kämpften. Vielleicht habt ihr schon mal von den *drei Musketieren* gehört? Sind quasi deren Kollegen.

Als wir dort ankamen, waren ein paar Bauern gerade dabei, etwas zu vergraben.

Sie rannten Hals über Kopf davon, als sie uns kommen sahen. Weil die Soldaten hofften, dass die Bauern Geld oder Schätze verstecken wollten, buddelten sie das Loch schnell wieder auf und hörten plötzlich eine Stimme.

Moment. Sie hörten eine Stimme? Tatsächlich.

Nein, es war keine Erscheinung, sondern die Bauern hatten im Boden ein Fass vergraben. Als die Soldaten es öffneten, fanden sie einen der ihren, der wie ein Rohrspatz schimpfte und zeterte. Kein Wunder. Die Bauern hatten sich gegen ihn und den Rest seiner sauberen Truppe gewehrt, seine Kameraden erschossen, ihm Nase und Ohren abgeschnitten und samt Fass verbuddelt.

Barbarisch, wenn ihr mich fragt.

Dann überschlugen sich die Ereignisse. Es erschienen noch mehr Soldaten auf der Bildfläche, die alle geflohenen Bauern wieder eingefangen und im Schlepptau hatten.

Nun verbündeten sich alle Soldaten gegen die armen Kerle und quälten sie, dass ich es gar nicht beschreiben mag.[15]

Wie das Trauerspiel ausging, weiß ich nicht, weil ich mich wieder in meine Hütte verzog.

Ich hatte genug gesehen.

Endlich *daheim*, musste ich feststellen, dass meine spärlichen Essens- und Feuerholzvorräte komplett geklaut waren. Echt jetzt? Doch nach allem, was ich heute erlebt hatte, konnte mich das auch nicht mehr umhauen.

Die Soldaten und die Bauern und der andauernde Zoff zwischen ihnen ließen mir keine Ruhe. »Es gibt nicht nur einen Menschenschlag, der von Adam abstammt«, ging es mir durch den Kopf.

»Es gibt zwei Sorten Menschen: Wilde und zahme, die sich gegenseitig übelst verfolgen.«

Den Kopf voller wirrer Ideen, schlief ich vor lauter Unzufriedenheit, Kälte und Hunger ein.

In meinem Traum veränderten sich plötzlich die Bäume um mich herum. Auf jedem Baumwipfel saß ein *Cavalier*[16] und an allen Ästen waren statt Blättern plötzlich Soldaten mit Spießen, Musketen, Gewehren, Fähnchen, Trommeln und Pfeifen. Die Wurzel bildeten Handwerker, Arbeiter und Bauern, die dem Baum seine Kraft gaben.

---

15   Wem es nicht blutrünstig genug sein kann, der soll sich wieder meine *richtige* Lebensbeschreibung holen und dort alle Details nachlesen.
16   Ein *Cavalier* ist ein (meistens adliger) Soldat zu Pferde, er hat im Kampf also etwas bessere Überlebenschancen.

Diese einfachen Leute mussten die heruntergefallenen *Blätter* erset-
zen und der gigantische Baum lastete auf ihnen. Er quetschte Geld, Blut,
Schweiß und Tränen aus ihnen heraus.

Die Landsknechte[17] auf den unteren Ästen mussten sich mit viel Mühe,
Gottlosigkeit und Quälerei auf ihrer Position halten, waren aber immer
noch lustiger drauf als die Wurzel-Leute.

Fressen und saufen, Hunger und Durst
leiden, morden und ermordet werden,
andere quälen und gequält werden,
jagen und gejagt werden, rauben
und beraubt werden, plündern und
geplündert werden, sich
fürchten und gefürch-
tet werden, schlagen
und geschlagen werden
und unzählige Gemein-
heiten mehr war alles, was sie konnten.

An diesen Verbrechen konnte sie weder Winter noch Sommer, Schnee
noch Eis, Hitze noch Kälte, Regen noch Wind, Berg noch Tal, weder
Gräben, Meer, Wasser, Feuer, noch Wälle, weder Vater noch Mutter, Brüder
und Schwestern, weder Gefahr an Leib, Seele und Gewissen, nicht mal der
Verlust des Lebens, noch des Himmels oder sonst irgendetwas hindern.
Sie trieben ihr dreckiges Handwerk immer weiter, bis die meisten in den
zahllosen Schlachten starben.[18]

Nur ein paar wenige überlebten, die dann als Bettler oder Landstör-
zer[19] endeten.

Auf den Ästen darüber saßen ein paar alte *Hühnerfänger*[20], die sich
irgendwie durchgemogelt und nicht nur überlebt hatten, sondern sogar
ein kleines Stück aufgestiegen waren.

---

17 Landsknechte sind die ärmeren Schweine unter den Soldaten. Sie kämpfen zu Fuß und
   sind weniger gut bewaffnet.
18 Ups, jetzt ist es ein bisschen mit mir durchgegangen.
19 Ihr würdet Landstreicher dazu sagen, aber mir gefällt das alte Wort so gut, dass ich es
   lassen möchte. Das kommt übrigens öfter mal vor. Also, wenn euch ein Wort oder eine
   Formulierung komisch vorkommt, liegt das daran, dass ich eigentlich schon 400 Jahre alt
   bin. Da rutsch mir manchmal so was raus.
20 *Hühnerfänger* und *Wamsklopfer* waren zu meiner Zeit abfällige Schimpfwörter für herun-
   tergekommene Soldaten.

Direkt über ihnen hockten ziemlich eingebildete *Wamsklopfer*, die die unter ihnen Stehenden gerne mal verprügelten und herumkommandierten. Weiter oben sah der Baum komisch aus, denn der Stamm hatte an einem langen Stück gar keine Äste, und die Rinde war außerdem komplett spiegelglatt poliert. Keiner schaffte es, da hochzuklettern.

Darüber saßen die Glücklichen, die entweder über Vetternwirtschaft oder sonstige Seilschaften hochgeschafft worden waren oder es über die silberne Schmiergeldleiter gepackt hatten. Weiter oben saßen noch Rücksichtslosere und immer so weiter.

Regelmäßig wurde eine Wanne voll Geld über dem Baum ausgeschüttet und die Oberen griffen sich alles ab, während die armen Schweine ganz unten überhaupt nichts abbekamen.

Ich weiß, das klingt alles ein bisschen, als hätte ich beim Mittagessen die falschen Pilze erwischt, aber ich sagte ja schon, dass ich geträumt hab.

Die ganze Zeit war ein hektisches Gekrabbel an dem Baum, weil jeder versuchte, sich einen der oberen Plätze zu sichern.

Einer der Feldwebel auf dem Baum machte sich Gedanken, ob es nicht sinnvoller sei, dass gute Arbeit belohnt würde und sich auch einfache Leute hocharbeiten könnten.

Da erschien, quasi aus dem Nichts, eine Figur namens Adelhold. Ihr Name war Programm. Sie behauptete allen Ernstes, dass Adlige per Geburt die besseren Menschen seien und noch dazu zum Führen geboren.[21] Gott sei Dank gab ihr der Feldwebel ordentlich Kontra.

Denn mal ehrlich, wofür sollte man sich denn anstrengen, wenn eh klar war, dass man niemals vorankommt?! Besser per Geburt. Kann ja wohl nicht wahr sein!

Irgendwann konnte ich das Gelaber einfach nicht mehr ertragen.

Ich schaute mir die komischen Bäume an, die im ganzen Land standen. Auf einmal fingen alle an zu schwanken, zusammenzurumsen und zu einem einzigen Mega-Baum zusammenzuwachsen. Auf dem Wipfel dieses Monsterbaumes saß plötzlich der Kriegsgott Mars und die Äste des Baums bedeckten ganz Europa.

Ein Sturm aus Neid und Hass, Geiz und Bosheit rüttelte den gigantischen Kriegsbaum durch und …

Davon wurde ich wach und fand mich mutterseelenallein in meiner Hütte.

Immer noch war alles kaputt, mein Hab und Gut geklaut, nichts mehr zum Überleben übrig als ein paar Bücher, die die Soldaten durch die Gegend geschmissen hatten.

---

21 Krass, oder? Ich meine, wenn ich mir den einen oder anderen Adeligen aus eurer Zeit so anschaue …

Als ich sie aufsammelte, flatterte ein Brief aus den Seiten, den mein Einsiedel mir noch zu Lebzeiten geschrieben hatte.

Ich war so happy über diesen Brief, dass ich mich gleich auf den Weg machte, um Menschen zu suchen, der Pfarrer war mir erst mal egal.

Ich lief zwei Tage lang einfach immer der Nase nach, schlief nachts in einem hohlen Baum und futterte Bucheckern.

Nach drei Tagen kam ich in der Nähe von Gelnhausen auf einen ziemlich großen Acker. Er lag voll mit Weizengarben, die die Bauern nicht mehr hatten einbringen können, weil sie von Soldaten nach der Schlacht bei Nördlingen verjagt worden waren.

Ich schlug mir mit den Weizenkörnern den Bauch voll, das war für mich wie ein Hochzeitsbuffet, und weil die Nacht elend kalt war, baute ich mir in einer der Garben ein gemütliches Nachtlager.

Lieber Simpl, wenn Du das liest, geh raus aus dem Wald, rette Dich und den Pfarrer, denn er hat mir immer geholfen. Der liebe Gott, zu dem Du immer beten sollst, wird Dich führen. Denk immer an das, was ich Dir beigebracht hab. leb wohl!

5 Ich komme erst nach Gelnhausen, dann nach Hanau und werde museumsreif.

Kap. 19-20

Als die Sonne aufging, futterte ich noch mal von dem leckeren Weizen und lief los.

Die Stadttore standen offen, waren aber halb verbrannt und teilweise mit Misthaufen verbarrikadiert.

Ich ging hinein, sah aber keinen einzigen lebenden Menschen, sondern nur lauter Tote auf den Straßen rumliegen, denen man teilweise sogar die Kleider geklaut hatte. Es war einfach nur entsetzlich und ich konnte mir in meiner Ahnungslosigkeit nicht vorstellen, was hier passiert sein mochte.

Später erfuhr ich, dass die in Gelnhausen einquartierten kaiserlichen Soldaten von weimarischen Soldaten[22] überfallen worden waren und dabei die ganze Stadt zerstört hatten.

---

22 Zu meiner Zeit herrschte ein Krieg, der 30 Jahre dauern sollte (deshalb heißt er auch so), und da haben unfassbar viele Heere unter verschiedenen Fürsten mal mit- und mal gegeneinander gekämpft. Aber ich will euch hier mit den Einzelheiten nicht komplett verwirren. Ich hab selber nie ganz gecheckt, wer da wann mit oder gegen wen kämpfte. Änderte sich ja auch dauernd.

Als es tagte, ging ich nach Gelnhausen. Nirgendwo konnte ich einen lebenden Menschen entdecken. Zwei Steinwürfe drang ich in die Stadt ein, da hatte ich mich an ihr schon sattgesehen, kehrte um und ging durch die Wiesen bis zu einer Landstraße, die mich vor die stolze Feste Hanau brachte.

Als ich die erste Wache sah, wollte ich einfach durchgehen. Aber sogleich rückten mir zwei Musketiere auf den Leib, packten mich und führten mich in ihr Wachlokal. Dort wurde ich durchsucht und streng verhört.

Man könnte auch Wachstube[23] sagen, denn bei *Lokal* habt ihr vielleicht ein falsches Bild im Kopf. Mit einer Kneipe hatte das nämlich gar nichts zu tun.

Aber bevor ich erzähle, was mir dann für komische Sachen passierten, muss ich erst mal beschreiben, wie ich aussah. Die Soldaten dachten bestimmt, ich sei vom Himmel gefallen.

Also: Meine Haare waren dreieinhalb Jahre weder geschnitten noch gekämmt und quasi nach der neuesten Mode gepudert[24], allerdings mit dem Staub und Dreck von über einem Jahr. Dazu stand mein krauses Haar so wirr vom Kopf ab, dass ich mit meinem bleichen Gesicht ausgesehen haben muss wie eine Schleiereule.

Dazu kamen meine, nun ja, originellen Klamotten: Als Oberteil hatte ich das Büßerhemd meines Einsiedlers an, allerdings mit abgeschnittenen Ärmeln, denn die Ärmel trug ich als Strümpfe (dieser Trend hat sich nicht durchgesetzt). Darüber hatte ich seinen alten Rock gezogen, der aus noch mehr Flicken und Löchern bestand, also, eigentlich war vom ursprünglichen Stoff gar nichts mehr da.

Um meinen Oberkörper hatte ich mir kreuzweise die Eisenketten gewickelt und an meinen krebsroten Füßen hatte ich Holzschuhe mit Schuhbändeln, die ich mir aus der Rinde einer Linde (das reimt sich sogar) geschnitten hatte.

Und obwohl ich so ausgehungert daherkam, dass doch eigentlich ein Blinder sehen konnte, dass ich kein Spion war, fragten sie mir Löcher in den Bauch. Dabei überlegte ich, wer wen mehr anstarrte. Die Soldaten mich oder ich die Soldaten.

Bei dem Soldaten, der mich löcherte, fragte ich mich die ganze Zeit, ob er ein Mädchen oder ein Junge sei. Er hatte links und rechts am Kopf Zöpfe wie Pferdeschwänze und um den Mund ein paar kümmerliche Härchen zu einem Bart gestutzt, der vermutlich modern sein sollte. Die Hose, die er anhatte, war so weit, dass es genauso gut ein Frauenrock hätte sein können.

Ich überlegte: Wenn es ein Mann ist, warum hat er dann keinen anständigen Bart? Wenn es eine Frau ist, hat sie wirklich einen grausligen Damenbart! Ich kam zu dem Ergebnis, dass es Mann und Frau zugleich sein musste[25].

---

23 Das war in meiner Zeit so was wie das Büro des Sicherheitsservices.

24 Zu meiner Zeit war es Mode, Perücken zu tragen – ja, auch die Männer – oder sich wenigstens die Haare weiß zu pudern. Ihr kennt das von den Perücken, die z. B. in England noch bei Gericht getragen werden, oder aus Filmen.

25 Cool, wie modern meine Lebensbeschreibung ist, gell? Dabei war der Begriff *divers* damals noch nicht erfunden. Menschen mit zweierlei Geschlechtsmerkmalen gab es aber schon immer, zu meiner Zeit nannte man sie *Hermaphroditen* nach einer Figur aus der griechischen Mythologie.

Der weibliche Mann bzw. die männliche Frau ließ mich komplett filzen, aber außer meinem kleinen Buch aus Birkenrinde (in dem meine Gebete standen und der Brief meines Einsiedels lag) fanden sie nichts bei mir.

Weil ich Angst hatte, dass sie mir meinen einzigen Besitz abnehmen würden, fiel ich vor dem Offizier auf die Knie und bettelte:

»Bitte, nimm mir mein Buch nicht ab, lieber Hermaphrodit!«

»Woher weißt du, dass ich Hermann heiße?[26] Das hat dir der Teufel gesagt!«, rief der völlig ungebildete Depp, der offensichtlich weder lesen noch schreiben konnte, geschockt und ließ mich zum Gouverneur[27] bringen.

Die Leute hielten mich dann wahlweise für einen Spion, einen Wahnsinnigen, einen Wilden, ein Gespenst, ein Wunder oder einen Narren, ihr würdet Deppen sagen. Aber seht selbst:

Von da wurde ich zum Gouverneur gebracht und auf dem Weg durch die Stadt bestaunten mich alle wie ein Weltwunder.

Der Gouverneur löcherte mich erstmal mit allen möglichen Fragen.

Wo kommst du her? Wo willst du hin? Was ist dein Beruf?

Ihr könnt euch sicher vorstellen, wie blöd ich mir vorkam, weil ich echt gar nichts auf die Fragen des Gouverneurs antworten konnte.

Der war natürlich extrem misstrauisch, weil ja gerade in der Nacht davor die Nachbarstadt Gelnhausen von feindlichen Soldaten überfallen worden war.

---

26 Ist das zu fassen? Was für ein blödes Missverständnis. Versteht der Depp *Hermann*, wenn ich *Hermaphrodit* sage.
27 Der momentane Chef in Hanau.

Als er mein Buch sah, das sie bei der Durchsuchung bei mir gefunden hatten, wollte er noch wissen, warum ich es aus Birkenrinde gemacht hätte. Ich antwortete ihm wahrheitsgemäß, dass es mit der Rinde anderer Bäume nicht funktioniert.

Na, der hatte aber auch nicht viel Ahnung!

Aus irgendeinem Grund ärgerte ihn meine Antwort. Zu den anderen Offizieren, die da waren, meinte er: »Entweder ist der Kerl ein totaler Verbrecher oder ein Depp. Allerdings redet er nicht wie ein Idiot und seht euch mal seine Handschrift an«[28].

Langsam dämmerte mir, warum der alte Einsiedel lieber im Wald gelebt hatte. Selbst schuld, wäre ich mal lieber in meiner Hütte geblieben.

Na ja, dank des Pfarrers hatte ich ja grade noch mal die Kurve gekriegt.

Die folgende, kleine Wellness-Behandlung fand ich schon ziemlich gut. Mich herzurichten, dauerte allerdings mehrere Stunden. Dafür mit einem spektakulären Vorher-Nachher-Effekt. Mit den maßgefertigten Klamotten war ich superchic, echt, sie waren zwar noch ein bisschen weit, aber ich war ja auch nur ein Gerippe!

Meine alten Klamotten wurden zusammen mit meinen Ketten und dem neuen Gemälde in die Kunstsammlung gestellt. Somit war ich quasi offiziell museumsreif.

---

28 Hatte ich schon erwähnt, dass in meiner Zeit nicht viele lesen, geschweige denn schreiben konnten?!

Kap. 21-34

6   **Das Kapitel, das ziemlich lang wird, in dem ich einen nützlichen Geheimtrick gegen dicke Luft lerne, auf DER Hanauer Party bin (die leicht eskaliert) und in dem mein neuer Trick mit Pauken und Trompeten in die Hose geht.**

Als ob dieser Tag nicht verrückt genug gewesen wäre, brachte der nächste Morgen noch mehr Überraschungen.

Der Pfarrer wusste inzwischen, dass mein Einsiedel in Wirklichkeit der Schwager des Gouverneurs gewesen war und erzählte:

»Er war ein anständiger, adliger Mann, stammte aus Schotten. Nach der verlorenen Schlacht von Höchst kam er in mein Haus (also das vom Pfarrer) und erzählte seine Geschichte. Seine hochschwangere Frau hatte er verloren und dazu noch die Schlacht.

Er schlief bei uns und verkündete am nächsten Morgen, dass er Einsiedler werden wollte. Dann schenkte er mir sein Pferd, sein Bargeld, Schmuck und alles, was er bei sich trug, inklusive seiner Kleider. Damit niemand denken würde, ich hätte ihn bestohlen, schrieb er mir sogar einen Beweisbrief dazu.«

Der hatte dann ja wohl nicht allzu viel gebracht, wenn er hier als Hehler eingesperrt worden war.

»Als Gegenleistung gab ich ihm die Bücher und den Hausrat, den du damals im Wald bei ihm gesehen hattest. Er vertauschte seine goldene Halskette (die mit dem Bild seiner Frau) gegen meine Wagenketten, die er um sich wickelte. Auch seinen Rock hatte er von mir und mein Knecht half ihm, die Hütte im Wald zu bauen. Als ich nach der Schlacht von Nördlingen von den Soldaten komplett ausgeraubt wurde, wollte ich mich in Hanau in Sicherheit bringen und mit dem Schmuck des Einsiedlers das Nötigste kaufen. Der Gouverneur erkannte den Schmuck, kaufte mir aber meine Geschichte nicht ab und ich landete im Knast. Bis glücklicherweise du hier erschienen bist und mit deiner Geschichte und dem Brief meine Geschichte bestätigt hast.«

Da hatten wir uns ja bekanntlich gegenseitig aus der Patsche geholfen.

»Jetzt will der Gouverneur dir und mir was Gutes tun. Du darfst studieren, eine Lehre machen oder als sein Kind bei ihm bleiben«, erzählte er weiter.

Mir war das grad alles komplett schnuppe, echt.

Der Pfarrer drehte es so, dass wir gegen Mittag zum Gouverneur kamen und tatsächlich landeten wir an seinem Mittagstisch. Weil ich mich beim Essen anstellte wie ein Esel beim Schachspielen, erklärte der Pfarrer, dass ich fern von Menschen aufgewachsen sei, und dass der Einsiedel mich sehr ins Herz geschlossen hatte, weil ich seiner verstorbenen Frau so ähnlich sehen würde.

Er habe zum Pfarrer vor seinem Tod gesagt, dass er mich lieben würde wie sein eigenes Kind. Das hörte ich doch gern.

Der Gouverneur wollte wissen, ob der Einsiedel denn nicht gewusst habe, dass er, sein Schwager, in Hanau sei? Klar hatte der Pfarrer ihm das gesteckt.

Aber der Einsiedel hätte nur gegrinst, sonst zeigte er keine Reaktion auf den Namen Ramsey.

Der steinharte Gouverneur fing fast an zu heulen, als er das hörte, und erzählte, wie er seine hochschwangere Schwester verzweifelt gesucht habe. Sie war von feindlichen Soldaten gekidnappt, die Kidnapper-Soldaten wiederum von Spessarter Bauern verkloppt worden (das kennen wir ja schon, machen die scheinbar öfter) und so war sie im Kriegschaos verloren gegangen.

Der Gouverneur wusste bis heute nicht, wo sie abgeblieben war. Ihren Mann, seinen Schwager, hatte er bis heute für tot gehalten (was inzwischen ja auch stimmte). Aus dem Tischgespräch der beiden erfuhr ich vom Schicksal des Pärchens, das nur ein einziges Jahr zusammen gewesen war.[29] Krass.

---

29 Was mit ihr passierte, sollte ich erst viel später erfahren.

Ich wurde ein Page und sehr gut behandelt. Vieles aber verstand ich nicht und auch...

... der Pfarrer wusste nicht auf alle meine Fragen eine Antwort

Mit dem Sekretarius des Gouverneurs verstand ich mich sehr gut, bis.....

...mir einmal ein Mißgeschick passierte, was mit dem üppigen Essen zu tun hatte

Da war ich meinen neuen Freund gleich wieder los.

Kurz darauf aber gab der Gouverneur ein Fest und ich sollte als Kellner aushelfen

Ich sollte auch einen gebratenen Kalbskopf auftragen.

Der aber roch so verführerisch, dass ich ihm eines seiner Augen stibitzte und verschlang

Der Gouverneur wollte wissen, wo das Auge geblieben sei. Ich zeigte es ihm: Mit dem anderen Auge

Zum Glück war der Gouverneur nicht böse auf mich. Das Festessen aber verwandelte sich nach und nach in ein tierisches Gelage. Die Gäste soffen und fraßen wie die Schweine.

O.k., das ging vielleicht ein bisschen schnell. Also noch mal langsam.

Ich wurde ein *Page*[30] und man nannte mich *Herr Jung*. Damals war ich vollkommen harm- und ahnungslos. Ich betrachtete die Menschen und die Welt quasi durch die biblische Brille, so wie der Einsiedel es mir eingetrichtert hatte. Doch das hatte echt gar nichts mit dem zu tun, was die Menschen hier in der wirklichen Welt so trieben!

Deshalb schwirrten mir tausenderlei Grillen und seltsame Gedanken durch den Kopf.

Die Menschen schienen nicht nur nach Herzenslust und mit Begeisterung zu sündigen, sondern damit auch noch anzugeben!

Früher dachte ich, das erste Gebot *Du sollst keinen Gott außer mir haben* sei doch eigentlich völlig überflüssig, weil doch eh keiner einen zweiten Gott brauchte?!

Hier lernte ich, dass die Menschen so ziemlich alles anbeteten: Kohle, Ruhm, Wissenschaften, ihre Wampe, die Medizin, Häuser, Tabak – und die Frauen vor allem ihre Schönheit. Doch es war vollkommen sinnlos, mit jemandem drüber zu diskutieren.

Die Leute verstanden mich nicht, und ich konnte sie nicht verstehen. Ich fand nicht einen, der sein Wort oder sich an die Gebote hielt. Eher schienen alle absichtlich genau das Gegenteil zu machen. Ich sah nur Hass, Zorn, Streit, Betrug, Bosheit, Diebstahl und Gewalt.

Stellt euch vor, einmal sah ich, wie ein Soldat einem anderen eine Maulschelle[31] gab. Statt nun auch die andere Wange hinzuhalten, wie es sich gehörte, schlug der andere zurück, dass es nur so schepperte! Ich war fassungslos.

Andere gaben mit ihren Sünden an: »Ich hab mich gestern dreimal vollgesoffen und genauso oft gekotzt!« Echt jetzt? Und keiner von ihnen nahm mich für voll, wenn ich mit der Bibel kam und ihnen ihre Sünden erklären wollte. Manche lachten mich sogar aus!

Ich verstand die Welt nicht mehr …

In meiner Ratlosigkeit fragte ich meinen Pfarrer, ob ich hier wirklich unter Christen sei, weil sie mich für blöd verkauften und auslachten, wenn ich von der Bibel redete.

So richtig erklären konnte er mir das auch nicht.

Mein Herr mochte mich jeden Tag lieber, weil ich ihm und seiner Schwester immer ähnlicher wurde, sagte er. Und dadurch hatte ich überall einen ziemlich guten Stand.

Der *Sekretarius* (ihr würdet einfach Sekretär sagen) brachte mir sogar Rechnen bei und wir verstanden uns (wie bereits erwähnt) richtig gut.

---

30 Das ist so was wie ein Diener.
31 Ihr sagt Ohrfeige, aber ich find Maulschelle einfach klasse. Da hört man doch förmlich, wie es scheppert…

Bis mir dieses kleine Missgeschick, ähm, entfleuchte. Na ja, es war nicht so ganz klein und auch nicht wirklich leise.

Dann stank die ganze Schreibstube derart bestialisch, dass mein neuer Freund mich mit den Worten: »Troll dich, du Sau, zu den anderen Säuen in den Stall« rauswarf.

Er selbst musste übrigens auch raus, weil der Gestank in der Tat nicht auszuhalten war.

Zu meiner Verteidigung muss ich sagen, dass mein an das karge Waldessen gewöhnter Magen, mit den üppigen Schlemmereien, mit denen ich hier vollgestopft wurde, schwer zu kämpfen hatte. Buchstäblich tobte ein wahrer Sturm in meinen Gedärmen.

Zu Hause auf dem Hof und dann im Wald beim Einsiedel hatten wir der Natur einfach ihren Lauf gelassen und einen Wind, wenn er denn raus wollte, fröhlich wehen lassen.

Keiner hatte mir gesagt, dass sich das in guter Gesellschaft nicht gehört. Also hatte ich auch hier fröhlich gepupst, ohne mir darüber Gedanken zu machen, bis mich der Sekretär deshalb hochkant rausgeschmissen hatte.

Aber mal ganz ehrlich, es ist nicht so ganz einfach, der Natur Einhalt zu gebieten, wenn so ein Dunst ans Tageslicht will!

Mein Herr hatte einen zweiten Pagen, der schon länger da war als ich und der auf mich eifersüchtig war. Ich Esel checkte das natürlich überhaupt nicht und bat ihn stattdessen, treudoof, wie ich war, noch um Hilfe. Ich dachte ja, er sei mein Freund. Also bat ich ihn, mir zu verraten, wie man solche problematischen Winde unauffällig loswerden könnte. Er wusste gleich Rat und meinte, man müsse nur das linke Bein anheben (so wie ein Hund, wenn er pinkelt), leise sagen: »Je pete, je pete, je pete[32]« und ganz fest drücken.

Dann würden die Pupse sich lautlos davonstehlen und für den Geruch würde dann ein Hund verantwortlich gemacht. Ich war echt froh um diesen Rat und ärgerte mich nur, dass ich diesen Trick nicht schon in der Schreibstube gekannt hatte.

Die beschriebene *fürstliche Gasterey*, also die Party mit ordentlich viel Essen, gab mein Gouverneur, weil seine Soldaten die Feste Braunfels eingenommen hatten. Das mit dem gebratenen Kalbskopf lief halt auch echt blöd. Das hätte jedem passieren können. Glück gehabt, dass der Gouverneur nicht sauer war.

Zu Anfang des Essens waren alle Gäste noch total gechillt, aber nach dem Tischgebet wurde es lauter und fröhlicher.

Ich konnte beobachten, dass die Gäste die einzelnen Gänge fraßen wie

32 Das ist Französisch und heißt auf Deutsch, ihr ahnt es vielleicht schon, »*Ich furze, ich ...*«

die Säue, dann soffen wie die Kühe, sich benahmen wie Esel und schließlich kotzten wie Gerberhunde.[33]

Die teuersten Stöffchen[34] kippten sie eimerweise runter, bis sie schließlich so voll waren, dass das schicke Abendessen in eine riesige Halli-Galli-Drecksauparty ausartete.

Ich, in meiner Ahnungslosigkeit, war fassungslos, was der Wein aus den Leuten machte – und checkte gar nichts, weil ich im Leben noch keinen sitzen hatte.

Es war mir ein Rätsel, wohin sie den ganzen Wein schütteten, denn so viel konnte unmöglich in einen Menschen hineingehen?!

Mein Pfarrer war auch bei diesem Gelage. Als er mal aufs Klo musste, lief ich hinterher und fragte ihn: »Warum sind die Leute hier alle so komisch? Warum torkeln sie durch die Gegend? Sie sind doch alle satt und essen und trinken trotzdem immer mehr?«

Der Pfarrer antwortete: »Wein rein, Verstand raus. Aber das ist noch nichts gegen das, was noch kommt!«

»Platzen denn nicht ihre Bäuche, wenn die so maßlos in sich reinschütten? Wie müssen ihre gottgleichen Seelen leiden in diesen Mastschwein-Körpern!«

»Halt das Maul«, der Pfarrer sagte es wirklich genau so, krass oder?! »Du kriegst noch Ärger. Hier ist es sinnlos, die Gebote zu predigen.«

Also hielt ich meine Klappe und guckte zu, wie die Gäste haufenweise Essen und Trinken verprassten, das für Hunderte halbverhungerter Wetterauer gelangt hätte.

Als ich gerade am Tisch bediente, rumpelte und rumorte mein Bauch wieder mal. Mein altes Problem meldete sich. Aber inzwischen kannte ich ja einen Trick, dem unauffällig Herr zu werden.

Also hob ich das linke Bein, sagte leise »Je pete« und drückte, so fest ich konnte.

---

33 Bitte entschuldigt meine derbe Ausdrucksweise, aber das musste einfach mal gesagt werden.

34 *Stöffche* heißt in meiner Heimat eigentlich der *Äppelwoi* (für nicht Hessischsprachige: Apfelwein). Die Leute hier kippten richtig teure Weine wie wir daheim *es Stöffche*.

Aber statt des erwarteten, kaum hörbaren lauen Lüftchens ertönte ein grauenhaftes Trompeten, während ein regelrechter Sturm aus meinem Hintern dröhnte. Ich war geschockt, entsetzt, und vor lauter Angst lief irgendwie alles schief.

Mein Hintern-Hup-Konzert hörte einfach nicht auf und mein Mund machte sich selbstständig und schrie immer lauter »Je pete, je pete, je pete ...«, obwohl ich doch eigentlich flüstern wollte.

Mund und Hintern entwickelten irgendwie ein gemeinsames Eigenleben und posaunten um die Wette. Von diesem absurden Konzert wurden schlagartig fast alle Gäste wieder nüchtern, mein Bauch zwar entspannt, aber mein Herr im Wortsinne *stink*sauer.

Ich bekam zur Strafe eine ausgewachsene Tracht Prügel. Die erste, seit ich die Luft dieser Welt atmete und zwar, weil ich diese Luft so verpestet hatte.

Fazit: Ich hatte Frieden in meinem Bauch, aber die Hucke voll[35], die Gäste die Nase voll (vom Gestank) und die Kellner ihre liebe Last, mit Kerzen, Räucherwerk und Duftdöschen die Luft wieder klar zu kriegen.

Als die Luft wieder rein war, musste ich weiter bedienen helfen. Mein Pfarrer war auch noch da und sollte auch mittrinken. Doch er sagte, er wolle nicht saufen wie ein Tier.

Als er zur Antwort bekam, hier würden sie saufen wie die Menschen, denn Tiere würden nur so viel trinken, bis sie keinen Durst mehr hätten und nicht mehr, schlich er sich davon.

Kaum war der Pfarrer weg, brachen auch die letzten Dämme. Alle zechten, was das Zeug hielt. Einer lachte, einer weinte, einer fluchte, der nächste betete, einer wollte sich prügeln, manche wurden still oder schliefen einfach ein, manche redeten wie ein Wasserfall, manche waren wie aufgezogen und der eine oder andere war so voll, dass er weder gehen noch stehen konnte.

Ich war der Einzige, der sich darüber wunderte. Schließlich gab es eine Massenschlägerei, bis mein Herr dazwischenging. Als sich alle wieder etwas beruhigt hatten, zogen die Meistersäufer mit den Spielleuten und den Frauen weiter in einen anderen Saal.

---

35 Das bedeutet, den Rücken verhauen bekommen.

Glaubt mir, das war noch ekliger, als es auf dem Bild aussieht. Denn als mein Herr den Fuchs schoss, machte er dicke Backen wie ein Trompeter, dann brach ein solcher Strahl aus seinem Mund, dass mir die Brocken ins Gesicht spritzten.[36]

Ich hätte beinah mitgemacht, mir wird heut noch schlecht, wenn ich dran denk.

Auch die Story beim Tanzen könnt ihr vielleicht nicht nachvollziehen.

Denn mein Pagen-Freund, der kleine Scherzkeks, nutzte meine Blödheit wieder aus und redete mir wirklich ein, die Gäste wollten gemeinsam den Saalboden eintreten. Deshalb würden sie dauernd zusammen drauf rumhüpfen.

Ich hatte totale Panik, mir alle Gräten zu brechen, und da redete der Idiot mir noch ein, dass jeder Mann, der sich an einer Frau festhalten würde, beim Sturz in die Tiefe unverletzt bleiben würde. Ja, rückblickend merkte ich auch, wie bescheuert sich das anhört, aber damals hab ich dem Typ jedes Wort geglaubt! Ich hatte echte Todesangst!

Als die Musiker anfingen, zu spielen, und jeder der Männer eine Frau auf den Saalboden führte,[37] ergriff mich die nackte Panik und …, na ja. Der darauffolgende Gestank war ja schon fast so was wie mein Markenzeichen geworden.

Immerhin rettet mich der Dunst vor einer Tracht Prügel (Glück im Unglück) und wo ich dann gelandet bin, habt ihr ja schon gesehen.

Ende des 1. Buches

---

36   Ich weiß, das ist total eklig. Vor allem, wenn man selbst es ist, der die Schüssel halten muss und einem auch noch dieser grauenhafte Gestank um die Nase weht. Also stellt euch nicht an, ihr müsst es nur lesen.

37   Ja, jetzt weiß ich auch, dass es eine Tanzpartnerin war, aber versetzt euch mal in meine Lage!

Zweites Buch

1 Wie ich aus dem Gänsestall, der Bredouille und zu einem Familiennamen komme.

Kap. 1-4

Was bisher passierte und wie ich im Gänsestall gelandet war, daran erinnert ihr euch sicher?! Ich überlegte immer noch, ob die Gäste tatsächlich geplant hatten, den Boden einzutreten, oder ob ich wieder mal verarscht worden war.

Drei Stunden musste ich mit meinen vollen Hosen im Stall sitzen, bis endlich einer geschlichen kam, heimlich den Riegel öffnete und sich hereinstahl. An der Hand zog er eine Frau hinter sich her.

Ich hatte keine Ahnung, was nun passierte. Aber wenn ich in den letzten, peinlichen Stunden etwas gelernt hatte, dann, dass es schlauer war, erst mal die Klappe zu halten und Tee zu trinken. Nicht, dass ich welchen gehabt hätte. Also in diesem Fall: abzuwarten.

Die beiden flüsterten miteinander. Die Frau beschwerte sich, dass es im Stall so übel riechen würde. Ich hätte ihr sagen können, warum. Doch er raspelte Süßholz, was das Zeug hielt. Plötzlich hörten sie auf zu reden, schienen miteinander in einer Art Ringkampf zu liegen und ich hörte die Frau komische Geräusche machen.

Da schob ich wieder Panik, weil ich dachte »jetzt wollten sie hier den Boden zum Einsturz bringen!« und rannte, laut um Hilfe kreischend, aus dem Stall. Zur Sicherheit schloss ich hinter mir wieder zu.

Jetzt war ich zwar frei, hatte aber immer noch ein Problem mit, besser gesagt, in meiner Hose.

In meiner Not fiel mir nur mein Pfarrer ein, zu dem ich mich retten konnte. Er half mir mit einem Waschzuber aus dieser zum Himmel stinkenden Situation und ich erzählte ihm alles, was mir in den letzten Stunden passiert war.

Da warf er mich raus, weil er Angst hatte, mit mir in Ungnade zu fallen, toller Freund!

Ich verkroch mich wieder in das Haus meines Herrn, wo die Angestellten alle Hände voll zu tun hatten, das schiere Chaos, das die Partygäste hinterlassen hatten, in den Griff zu bekommen.

Und glaubt mir, ich wünschte mir in dem Moment nichts sehnlicher, als wieder mit meinem Einsiedel im Wald zu hocken, auch wenn wir bettelarm gewesen waren.

Als mein Herr wieder wach war, wollte er mich holen lassen. Seine Soldaten fanden aber nur einen leeren, aufgebrochenen Stall – ich saß ja schon warm und trocken in der Küche. Mein Herr zitierte den Pfarrer herbei, um mit ihm zu reden. Denn er wusste echt nicht, was er von mir halten sollte.

Er fragte sich, ob ich wirklich so bescheuert sein konnte oder ob nicht doch eine böse Absicht hinter dem ganzen Blödsinn steckte, den ich gestern angestellt hatte. Zur Strafe wollte er mich verkloppen lassen und danach wegen meiner Blödheit zum Teufel jagen. Gott sei Dank konnte der Pfarrer ihm das ausreden.

Er versuchte zu erklären, dass alles, was ich am Tag zuvor angestellt hatte, das Ergebnis vollkommener Ahnungslosigkeit war. Und dass ich in meiner Dummheit geglaubt hatte, was der Scherzkeks von Pagenkollege mir eingeredet hatte.

Als mein Herr das hörte, bekam mein feiner Freund übrigens auch eine ordentliche Tracht Prügel.

Während sich die Gesellschaft noch weitre lustige Anekdoten über mich erzählte, wurde ein Kommissar gemeldet, der im Auftrag der schwedischen Krone die Festung kontrollieren sollte. Er stand schon vor dem Tor. Zack, war der Spaß (und die Party) vorbei. Die Gäste stoben in alle Himmelsrichtungen davon.

Als mein Herr mit seinen Adjutanten zum Tor eilte, wünschte er, der Teufel möge dem ungebetenen Gast alle Knochen brechen, ehe er in die Festung kommt.

Aber kaum hatte der das Tor passiert, wäre mein Herr beinah auf seiner eigenen Schleimspur ausgerutscht. Wie alle anderen übrigens auch. Zwischendurch vermutete ich sogar, der Kommissar müsste ein Heiliger sein, weil alle, sogar die, die ihn hassten, ihn behandelten, als wären sie BFFs[1].

Am Ende kapierte selbst ich, wie und weshalb man diesen ungebetenen Gast vollschleimte. Denn er war der Obermacker, der überprüfte, ob sich in Hanau alle wie anständige Soldaten betrugen. Gut, dass er nicht so ganz genau hinschaute.

Ich schaffte die anstehende Musterung, dank einer geliehenen Uniform und einer geborgten Trommel.

Mir einen anderen Namen merken zu können, traute man mir nicht zu[2], deshalb behielt ich den Namen *Simplicius* und der Gouverneur ließ noch dazu *Simplicissimus*[3] als Familiennamen

---

1 Für alle über 30: *BFF* ist die Abkürzung für *Best Friends Forever*, also *beste Freunde für immer*.
2 Die hielten mich ja echt für komplett verblödet. Aber wenn ich mir überlege, was ich mir die Tage alles geleistet hatte, kann ich es ja fast verstehen…
3 Das bedeutet auf Deutsch: *der Einfältigste*. Sehr charmant.

in die Bücher eintragen (wobei er immer wieder feststellte, wie ähnlich ich seiner Schwester sähe).

So begründete ich quasi meinen eigenen Familienstammbaum.

2 Ich werde zum Deppen gemacht, komme in Himmel und Hölle und führe selbst die anderen an der Nase herum.

Als der Kommissar endlich wieder weg war, warnte mich mein Pfarrer, dass der Gouverneur mich in die Pfanne hauen wollte. Er hatte sich was ausgedacht, um mich wortwörtlich zum Narren zu machen und extra ein Narrenkostüm für mich anfertigen lassen.

Der Pfarrer gab mir ein Pülverchen zum Einnehmen und eine Salbe, mit der ich mich am Kopf einreiben sollte. Das würde meinen Verstand bewahren, meinte er und gab mir noch einen Rat. Wenn sie mich holen, solle ich einfach alles mitmachen und mich blöd stellen. Danach würde er mir weitere Ratschläge geben.

Und tatsächlich, kaum war ich abends eingeschlafen, stürmten vier Kerle in Teufelsverkleidung in meine Kammer und machten ziemlich viel Krawall.

Ich tat so, als hätte ich furchtbare Angst.

Dann verbanden sie mir die Augen und brachten mich in einen Keller, in dem ein Feuer brannte. Sie wollten mir einreden, dass ich gestorben und in der Hölle sei.

»Sauf jetzt Wein mit uns, sonst werfen wir dich ins Feuer!«

Ich musste fast lachen, denn ich hatte die verkleideten Teufel längst an ihren Stimmen erkannt und überlegte: »Wenn ihr mich zum Deppen machen wollt, halt ich euch zum Besten.«

Drei Tage und zwei Nächte wechselten sie sich damit ab, mir die Hölle heiß und mich besoffen zu machen. Dann konnte ich echt nicht mehr, weil ich vollkommen müde und fertig war.

Und ich musste echt dringend mal aufs Klo.

Ich dachte mir: »So, jetzt würg ich euch eine rein!«

Als ich beim besten Willen nichts mehr zurückhalten konnte, kackte ich ihnen in den Keller und steckte mir gleichzeitig den Finger in den Hals, damit ich noch dazu kotzte[4].

Das Ergebnis stank zum Himmel und *meine Teufel* hauten erst mal entsetzt ab.

Zur Strafe steckten sie mich später allerdings in ein Bettlaken und schlugen mich grün und blau.

Als ich wieder zu mir kam, fand ich mich in einem schönen Saal mit drei unfassbar hässlichen alten Frauen. Sie wuschen mich vorsichtig und legten mich in ein herrliches Bett, in dem ich sofort tief und fest einschlief.

Als ich das nächste Mal aufwachte, standen zwei weiß angezogene, geflügelte Jungs mit Süßigkeiten und Getränken vor meinem Bett.[5]

Die zwei wollten mir allen Ernstes einreden, ich wäre dem Teufel und seiner Mutter aus dem Fegefeuer entkommen und bei den Engeln im Himmel gelandet. Ich dürfe mir jetzt alles wünschen, was ich wollte.

Ich hatte erst mal Durst.

Doch in dem Becher war schon wieder ein Schlaftrunk und ich sackte erneut weg.

---

4   Sorry, ist echt eklig, ich weiß. Aber die hatten angefangen!
5   Kein Witz, echt! Die hatten richtige Flügel! Aber sie waren natürlich verkleidet.

Als ich endlich wieder zu mir kam, saß ich abermals im Gänsestall, hatte ein Kalbsfell an und auf dem Kopf eine Narrenkappe mit Eselsohren. Ich musste selbst über mein Aussehen lachen und dachte, wenn sie mich schon zum Deppen machen wollen, dann sollen sie auch einen bekommen, das krieg ich hin.

Eigentlich hätte ich einfach abhauen können, aber ich wollte mich ja blöd stellen.

Also tat ich so, als wäre ich ein hungriges Kalb, das nach seiner Mutter ruft. Als endlich jemand nach mir sah, beschwerte ich mich, dass ich als Kalb in einem Gänsestall sei. So könne nie ein anständiger Ochs aus mir werden!

Sie brachten mich vor den Gouverneur und ich dachte mir: »Nachdem ich deine Feuertaufe hinter mir hab, wollen wir mal sehen, wer hier wen verarscht«.

Dann rannte ich zu den Kälbern, die gerade am Brunnen getränkt werden sollten, als wäre ich selber eins. Natürlich erschraken die Tiere vor mir und rannte in alle Richtungen davon, ein heilloses Chaos entstand und mein Herr lachte sich halb kaputt.

Ab da nannten sie mich *das Kalb*, aber ich gab ihnen auch passende Spitznamen.

Beim Mittagessen weigerte ich mich, zu essen und verlangte Gras (wie ein richtiges Kalb). Wir hatten aber gerade Winter und es war keins zu bekommen, also mussten sich zwei Jungs ebenso als Kälber verkleiden und mir vorspielen und einreden, dass Kälber inzwischen essen würden wie die Menschen.

Da ich inzwischen eh Hunger hatte, ließ ich mich überreden und lachte mich innerlich kaputt. Weil ich behauptete, im Kuhstall schlafen zu wollen, mussten sie sogar nachts verkleidet bei mir bleiben, damit ich im Haus blieb.

So veräppelte ich diejenigen, die meinten, sie würden mich zum Deppen machen.

Ich ging zum Pfarrer und erzählte ihm, was ich in der Hölle und im Himmel erlebt hatte.

Und ich hatte ein minimal schlechtes Gewissen, weil ich mich so dumm stellte und meinen Herrn so verarschte.

Aber der Pfarrer meinte: »Diese verrückte Welt will betrogen werden! Nutze deinen Verstand zu deinem Vorteil und stell dir vor, dass du wie der Phönix durch das Feuer neu geboren wurdest, vom Unverstand zum Verstand. Aber fühl dich noch nicht zu sicher und sei nicht zu überheblich. Du musst immer noch aufpassen, dass du unbeschadet aus dieser Nummer rauskommst!«

Er schien ein bisschen angefressen.

In der Tat war ich mir vorgekommen, wie die hellste Kerze im Leuchter und checkte jetzt, dass es schlauer war, nicht genau das zu sagen, was man dachte, sondern erst zu denken und dann zu reden.

Also bedankte ich mich überschwänglich beim Pfarrer, dem das sehr schmeichelte und der mir dann wortreich erklärte, dass ich meine geistige Gesundheit ausschließlich seiner genialen Medizin zu verdanken hatte. Meine Herren, war der Pfarrer plötzlich eingebildet. Aber ich tat so, als wäre ich komplett beeindruckt.

Letztendlich kapierte ich erst, was Sache war, als ich zum Idioten gemacht werden sollte.

Kap. 9-14

3 Jetzt spiel ich den Deppen, mach die andern zu Deppen, bin der Held im Zelt und schließlich der Loser.

Als ich ins Haus kam, hatte mein Herr adelige Damen zu Besuch, die seinen neuen Narren sehen wollten, also mich.

Ich hatte keinen Bock und sagte kein Wort.

Die Damen beschwerten sich, denn sie hatten gehört, dass das Kalb reden könne und das stimme gar nicht. Sie waren wohl ein bisschen beleidigt.

»Ich habe gedacht, dass Affen nicht reden könnten und sie können es doch«, rutschte mir raus. Verdammt, ich konnte einfach meine Klappe nicht halten.

Dieser Vergleich der Adeligen mit Affen gefiel meinem Herrn nicht besonders, aber ich hatte ja dazugelernt. Also schleimte ich mich sauber aus der Nummer raus, indem ich die blödsinnigsten Vergleiche für die Schönheit der Damen fand, wie: »Ihr Haar ist so wunderschön gelbgold wie Babykacke.«

Das Beste war, dass mir das keiner wirklich krumm nahm. Schließlich war ich ja offiziell der Festungs-Depp.

Und das auszunutzen, machte mir immer mehr Spaß.[6]

Also nahm ich mir vor, Salz in jede Wunde zu streuen, die ich sah. Als Erstes legte ich mich mit dem Sekretarius an. Er war nämlich derart titelgeil, dass es kaum zum Aushalten war.

---

6 Ihr habt sicher schon mal von der *Narren-Freiheit* gehört. Zu meiner Zeit durften Narren (z. B. an Fastnacht) oder Hofnarren, ihre Herren kritisieren, ohne dafür bestraft zu werden. Na, da konnte ich doch was draus machen!

»Wie unfair ist es denn, dass Leute einen Adelstitel erben, obwohl sie nie etwas Anständiges in ihrem Leben gemacht haben? Es ist doch totaler Blödsinn, dass wegen der Taten eines einzelnen Ahnen eine ganze Familie über Jahrhunderte geadelt sein soll. Schließlich unterscheiden wir uns alle von unseren Eltern!«, provozierte ich ihn.

Da unterstellte mir mein Herr doch tatsächlich, ich hätte nur keinen Sinn für Adel, weil ich so blöd sei. Er wäre sehr froh, dass er zu den Glücklichen gehöre, die adlig geboren wurden. Da machte ich ihm klar, dass er ja wohl die ärmste Sau in ganz Hanau sei:

Während er sich einbildete, der Obermacker zu sein, war er es doch, der für alles den Kopf hinhalten und den ganzen Laden am Laufen halten musste. Der sich kümmern musste, wenn irgendwas fehlte oder nicht klappte. Und außerdem am Schluss noch alle Sünden am A… , äh, Bein hatte, weil auf seinen Befehl die Soldaten kämpften, plünderten und mordeten.

Neulich hatten sie erst Orb, Braunfels und Stade verwüstet. Und wenn er irgendwann ins Gras biss, konnte er von seinem Adel und Reichtum gar nichts mitnehmen.

Nur die Sünden würden seinem Konto gutgeschrieben.

Ich sagte zu ihm: »Während ich schlafe wie ein Baby, findest du vor Sorgen keine Ruhe und musst Freund und Feind fürchten. Sie wollen dich heimlich oder offen um deine Kohle, deinen Job oder sonst was bringen!

Und von den ganzen Schleimern um dich rum sagt dir keiner, was Sache ist, sondern nur, was du hören willst, während alle an deinem Stuhl sägen. Und am Schluss wirst du selber der Depp sein.«

Die Zuhörer und mein Herr waren verunsichert, ob ich wirklich so blöd war, wie ich tat.

Denn eigentlich hörten sich meine Worte ganz vernünftig an.

»Für ein Kalb bist du ganz schön schlau«, meinte mein Herr.

Da tat ich so, als wäre ich sauer: »Glaubt ihr Menschen echt, wir Tiere wären alle blöd?

Während wir Tiere von selbst wissen, was für uns giftig und was gut ist, habt ihr Menschen doch keine Ahnung! Ihr fresst und sauft euch krank, wir hören auf, wenn wir satt sind!

Wer bringt den Vögeln bei, ihre Nester zu bauen, sagt ihnen, wann sie in den Süden fliegen müssen und auf welchem Weg? Woher kann die Spinne ihr kunstvolles Netz weben, von wem lernen die Bienen, Honig und Wachs zu machen? Alle Tiere wissen genau, was sie tun müssen, und keines braucht dafür einen Menschen!«

Nach meiner Moralpredigt diskutierten sie wieder, ob ich nun besonders blöd oder besonders schlau wäre.

Mein Herr entschied, dass ich ein Narr sei, weil ich jedem die Wahrheit ins Gesicht sagte. Aber ein bisschen grübelte er doch, ob es richtig gewesen war, mich in ein Kalb zu verwandeln und zum Narren zu machen, deshalb zog er den Pfarrer zu Rat.

Mein Pfarrer machte ihm ein ordentlich schlechtes Gewissen und versuchte, ihm einzureden, dass sie mich dringend aus der Idiotenrolle rauslassen und wieder wie einen normalen Menschen behandeln müssten.

Der Gouverneur hatte gemerkt, dass ich gar nicht so blöd war, wie ich tat. Aber der Pfarrer erklärte ihm, dass ich zwar naiv sei, aber beim Einsiedel viel gelernt und gelesen hatte, was allerdings recht realitätsfern und theoretisch gewesen sei. Damit tat mir der Pfarrer einen großen Gefallen, denn mein Herr schloss mich komplett in sein Herz.

Der Pfarrer selbst kam aber auch ganz gut weg, denn er bekam den Job als Garnisonskaplan.

Ich durfte Laute (das ist so was Ähnliches wie eine Gitarre) spielen lernen und die Leute versuchten, mich mit Geld und Geschenken zu bestechen, weil sie sich über mich beim Gouverneur lieb Kind machen wollten.

Weil ich Depp noch nicht wusste, was ich mit Geld anfangen sollte, gab ich fast alles an den Pfarrer weiter.

Ich lebte wie die Made im Speck und man sah mir bald an, dass ich, statt der Wald-Diät und Bachwasser, jetzt lecker Essen, Rheinwein und Hanauer Doppelbock schlemmte.

Ganz schön krass, wenn man sich überlegt, dass zu der Zeit in ganz Deutschland der Krieg tobte und auch Hanau von Feinden umzingelt war.

Aber das interessierte mich nicht die Bohne.

Irgendwann kam der Gouverneur auf die Idee, mich an Kardinal Richelieu oder an Herzog Bernhard von Weimar als Hofnarr zu verschenken, weil ich ihn jeden Tag mehr schmerzhaft an seine verlorene Schwester erinnerte. Dem Himmel sei Dank, grätschte mein Pfarrer dazwischen und überredete ihn, dass er mich lieber wieder zu einem Menschen machen sollte.

Das wäre echt eine super Sache gewesen.

Aber das Schicksal spielte mir wieder mal einen Streich.

Denn während schon passende Kleider für mich angefertigt wurden, hatte ich mit einigen Jungs auf dem Eis vor der Festung richtig Spaß.

Da erschienen aus dem Nichts kroatische Reiter, die uns packten, auf ihre Pferde warfen und entführten.

Na toll, dabei war es mir grad mal so richtig gut gegangen und ich wäre beinah aus der Narrennummer rausgekommen.

4 Ich waldeinsiedel wieder und erlebe einen total abgefahrenen Trip.

Obwohl die Hanauer noch versuchten, sie aufzuhalten, stürmten die Kroaten weiter nach Büdingen. Dort verscherbelten sie die geklauten Pferde und gaben die reichen Söhnchen der Hanauer gegen Lösegeld wieder raus. Mich leider nicht.

In halsbrecherischem Galopp ging es weiter durch den Büdinger Wald (unterwegs klauten sie alles, was nicht niet- und nagelfest war) und abends waren wir schon im Stift Fulda, gleich danach in Hersfeld.

Dort wurde die Beute geteilt und mich bekam der Obrist Marco de Corps[7].

Mir kam dort alles ganz schön spanisch vor. Statt der Hanauer Leckereien gab es wieder trockenes Brot und mit dem Wein war's auch Wasser (nein, nicht Essig. Es gab nämlich nur noch Wasser).

Ich musste als Pferdeknecht arbeiten, aber das Schlimmste war, dass ich mit den Soldaten *fouragieren* gehen musste. Das klingt erst mal cool. Bedeutete aber nichts anderes, als die armen hessischen Bauern zu beklauen, zu verkloppen, zu quälen und ihnen noch das letzte Hemd abzuknöpfen. Dazu lagen wir mit den Soldaten General Melanders im Dauerclinch. Ich fand das total ätzend, und stellte mich auch ziemlich blöd an.

Lieber kümmerte ich mich ums Essen und schleimte mich so bei meinem neuen Herrn ein.

Zum Dank ließ er mir ein neues Kalbskostüm mit noch größeren Eselsohren machen.

Na toll, ich hatte wieder mal einen Lauf.

Aus dieser Katastrophensituation wollte ich einfach nur noch weg! Endlich schaffte ich es, abends in den Wald zu entwischen. Aber war das die Wahrheit? Kaum war ich bei den Kroaten abgehauen, wurde ich schon

---

7 Für alle, die sich für den Kriegsverlauf interessieren: Marco de Corps gehörte zu den kaiserlichen Soldaten unter Isolani. Ein Obrist ist der Chef eines Regiments, also einer größeren Truppe Soldaten.

wieder gefangen (Ihr merkt schon, ich wurde und werde häufiger entführt)!

Dann passierte der Hammer. Diese Idioten dachten im Dunkeln tatsächlich, meine Eselsohren wären Hörner und weil sich mein Kalbsfell aufgeladen hatte und beim Anfassen Funken blitzten, glaubten diese Vollpfosten, ich wäre der Teufel. Na, den konnte ich ihnen gerne vorspielen und ich trieb sie mit meinem höllischen Gelächter in die Flucht.

Vor Schreck ließ einer sein Gewehr samt Rucksack fallen. Ich schnappte mir alles und versteckte mich.

Als sie endlich alle weg waren, untersuchte ich meine Beute. Hammer! Richtig viel Kohle war in dem Beutel, der Soldat hatte wohl grad irgendwo was geklaut. Aber glaubt mir, etwas zu essen wäre mir in dem Moment tausendmal lieber gewesen als das ganze Geld.

Ich war wieder im Wald gelandet, auch wenn ich nicht die leiseste Ahnung hatte, in welchem. Und so hauste ich wieder wie ein Einsiedler. Notgedrungen, denn alle, die mich in meinem Aufzug sahen, liefen sofort schreiend davon. Was ich zum Leben brauchte, klaute ich heimlich in Bauernhütten.

Irgendwann kam ich auf die Idee, aus meinen Eselsohren so was wie einen Geldbeutel zu machen. Ich nähte sie zu langen Schläuchen, steckte meine erbeutete Kohle rein und band mir diese Armbänder voller *innerer Werte* um die Oberarme.

Es war Ende Mai geworden, als ich nachts an eine Bauernhütte mitten im Wald kam. Ich wollte warten, bis die Bewohner eingeschlafen waren, und dann klauen, was ich brauchen konnte. Was mir dann passierte, hört sich an, als wäre ich auf Drogen!!

Eines Abends wollte ich mich wieder mal in einem Bauernhof auf verbotene Weise mit Essbarem versorgen

Ich wollte warten, bis alle schliefen und mich dann aus der Küche bedienen

Stattdessen aber flogen sie mit Stöcken, Besen und Mistgabeln aus dem Fenster! Ich war ganz verdattert.

Dann aber überlegte ich, was ich mitnehmen könnte und setzte mich auf eine Bank

Ich hatte mich kaum gesetzt, da fuhr ich..

...mitsamt der Bank zum Fenster hinaus.

Ich landete auf einem Hexentanzplatz mitten in einer höllischen Gesellschaft seltsamer Musiker. Da war ein Brausen, Heulen, Wüten, Toben und Rasen. Es war wie ein furchtbarer Albtraum. Ich stieß einen Schrei aus.

Plötzlich verschwand der Spuk und es wurde stockfinster.

Ich verlor das Bewußtsein und erwachte erst Stunden später auf einer Wiese.

Ja, ich weiß schon, was ihr denkt. Aber das war wirklich eine total abgefahrene Party!

Ein paar hundert Mann waren das locker, und alle tanzten in Kreisen, innen ganz kleine Kreise, je weiter man nach außen kam, umso größer wurde der Ring. Meine Bank landete bei der Band. Die Tänzer waren schon gruselig, aber die Musiker schossen den Vogel ab, schaut euch die mal genau an.

Statt auf Flöten bliesen die auf Schlangen, statt Dudelsäcken benutzen sie Katzen, auf Pferdeköpfen wurde gegeigt, Kuhgerippe waren die Harfen und durch ihre Nasen trompeteten sie. Horror! Die tobten alle rum, als wären sie kollektiv auf Drogen.

Ihr könnt euch vorstellen, dass mich das nackte Grausen packte. Zu allem Überfluss kam noch ein Typ mit einer gigantischen Kröte unterm Arm auf mich zu. Der hatte er die Gedärme aus dem Hintern gezogen und vorn wieder in den Mund gestopft (schauder) und dann sprach mich der Monstermusiker auch noch an: »Hey Simpel, ich weiß, dass du gut Laute spielst. Los, hau mal rein.«

Ich fiel vor Angst fast tot um. Nachdem sie alle mit einem Donnerschlag verschwunden waren, lag ich im Stockfinstern auf dem Boden und machte etwa tausend Kreuze.

Klar, jetzt heißt es wieder, es gibt keine Hexen und Fliegen ist sowieso nicht. Der Simpel ist ein Angeber, meint ihr bestimmt.

Ich könnte jetzt wirklich endlos Beispiele für Hexen und Zauberer aufzählen, denkt nur an den berühmten *Doktor Faust*[8]. Aber ganz ehrlich, glaubt mir oder lasst es sein.

Und wenn ihr mir nicht glaubt, könnt ihr euch ja selbst eine bessere Erklärung ausdenken, wie ich in einer einzigen Nacht aus der Gegend um Fulda (absolut, keine Ahnung, wo genau ich da war) nach Magdeburg gekommen bin.

---

8   Die Faust-Version von Goethe begegnet garantiert jedem irgendwann. Das *Volksbuch* vom Dr. Faust ist schon viel älter und hat den guten Goethe auf die Idee für sein weltberühmtes Werk gebracht.

5 Ich werde schon wieder gefangen genommen, erneut zum Idioten gemacht und finde einen Freund fürs Leben.

Ich blieb die ganze Nacht auf dem Bauch dort liegen und hab keinen Zucker gemacht. Die ganze Zeit hab ich überlegt, ob das alles nur ein fieser Alptraum war.

Morgens gegen neun fanden mich ein paar (ihr ahnt es schon) *Fouragierer*, die mich mit in das Lager bei Magdeburg nahmen (nicht schon wieder) und einem Obristen übergaben.

Dort erzählte ich meine Abenteuer haarklein, nur das mit dem Geld in meinen *Armbändern* ließ ich aus.

Tatsächlich erkannte mich einer der Soldaten: »Das Kalb des Kommandanten aus Hanau!«

Echt jetzt?

Er hatte mich in Hanau gesehen und konnte sich auch erinnern, dass ich Laute spielen konnte. Super. Also musste ich wieder einen auf musizierenden Pausenclown machen.

Ich wanzte mich überall bei, das beherrschte ich ja schon, und was ich an Geld bekam, versoff ich, bis ein Hofmeister auf mich aufpassen musste, damit ich es nicht zu wild trieb.

Der Hofmeister merkte bald, dass ich gar nicht der Depp war, für den ich mich ausgab und wurde mein Verbündeter.

Einmal kamen wir zu einem Platz, an dem irre viele Soldaten spielten.

Also mit Würfeln.

Mein neuer Freund erklärte mir, dass die meisten Würfel gefälscht waren und die Soldaten sich gegenseitig betrogen, übers Ohr hauten und vor lauter Spielsucht zu Schwerverbrechern wurden, weil sie sich beim Würfeln bis über beide Ohren verschuldeten.

Ich konnte echt nicht fassen, dass man dieses Teufelswerk in einem christlichen Heer erlaubte.

Der Hofmeister war völlig außer sich, er plante sogar, ein ganzes Buch über die Spielsucht und ihre schrecklichen Folgen zu schreiben. Die Leser sollten sehen, dass aus dem Würfel- und Kartenspiel nur Geiz, Neid, Zorn, Eifersucht, Falschheit, Betrug, Diebstahl und vieles mehr entstanden.

Ich fand die Idee richtig gut und hoffte, dass er sie auch würde umsetzen können.

Der Hofmeister und ich verstanden uns immer besser, während ich den geistreichen Kasper gab. Ich hatte zum Beispiel die geniale Idee, dass mein jagdverrückter Obrist seinen Jagdhund mit einem Falken kreuzen sollte, dann bekäme er Jagdhunde mit Flügeln, die die Rebhühner im Fliegen fangen könnten. Voll schlau, gell![9]

Einer der Schreiber erzählte mir dauernd einen vom Pferd und weil ich doch noch ziemlich blauäugig war, glaubte ich ihm einiges (leider zu viel) und er veräppelte mich nach Strich und Faden.

Doch irgendwann kam der Sohn des netten Hofmeisters, der wie sein Vater *Ulrich Herzbruder*[10] hieß, und Schreiber bei der Kursächsischen Armee war.

Wir waren auf den ersten Blick BFF oder Blutsbrüder oder wie auch immer ihr das nennen wollt. Gemeinsam überlegten wir, wie ich endlich das Narrenkostüm loswerden könnte.

Aber der alte Herzbruder warnte uns: »Es kann gefährlich sein, wenn du plötzlich ein normaler Mensch wirst. Denn alle werden sich (zu Recht) ärgern, dass du sie davor komplett verarscht hast.«

Hm, dann würden vermutlich alle einen ziemlichen Hals auf mich schieben. Da hatte er nicht ganz unrecht.

Besonders den Schreiber mussten wir im Auge behalten, weil mein neuer Freund Herzbruder gute Chancen auf die Sekretärs-Stelle hatte, auf die der Schreiber auch ein Auge geworfen hatte.

Kap. 23–25

6   Beide Herzbrüder verlassen mich und ich tausche das Narrenfell gegen Frauenklamotten, was auch nicht die ideale Lösung ist.

Im Krieg macht man oft altgediente, erfahrene Soldaten zum sogenannten Profoss[11]. Der unsrige hatte mehr Dreck am Stecken, als ihr euch vorstellen könnt.

Er war ein richtig bösartiger, kleiner Zauberer[12], er konnte sogar sich und andere hieb- und stichfest, also unverwundbar machen! Zu den meisten Soldaten war er richtig fies.

Je neidischer unser Schreiber Olivier auf Herzbruder (der immer gut

---

9   Das meinte ich natürlich nicht ernst. Aber ich hatte gecheckt, dass es schlau war, wenn mich alle für blöd hielten. Das machte mir das Leben leichter.

10   Ja, Vater und Sohn hatten den gleichen Namen. Lustig, wenn du einen rufst, kommen gleich beide.

11   So nennt man den Chef der Feldpolizei.

12   Er war so eine Art *du weißt schon wer* für Arme.

drauf war) wurde, umso mehr wanzte er sich an den Profoss ran. Das konnte für Herzbruder nicht gut ausgehen und so kam es.

Bei der Taufe des Sohnes unseres Obristen sollte Herzbruder bedienen und stellt euch vor, nach dem Fest war der große vergoldete Becher des Obristen weg. Offensichtlich geklaut.

Der Profoss sollte den Diebstahl mit magischen Mitteln aufklären. Und obwohl der Page aussagte, er habe den Becher bei Olivier zum letzten Mal gesehen, fiel der Verdacht auf meinen Kumpel. Mit einem fiesen Zaubertrick schaffte es der Profoss, dass alle glaubten, Herzbruder hätte den Becher geklaut, und der Arme wurde mit Schimpf und Schande hochkant aus dem Lager geschmissen.

Der ätzende Schreiber Olivier bekam mit Lug, Betrug und teuflischer Hilfe die Sekretärs-Stelle, auf die er die ganze Zeit scharf gewesen war. Dieser Drecksack!

Natürlich sprach sich das sofort rum und sein voriger Herr, der Kapitän der Kursächsischen Armee, disste den armen Herzbruder auch noch. Er verlor seinen Job und wurde echt fies gemobbt.

Sein Vater, der alte Herzbruder, wurde vor Scham todkrank. Er bat, seinen Sohn noch einmal sehen zu dürfen, um ihm seinen letzten Willen mitzuteilen. Der alte Hofmeister wusste ja, dass sein Sohn anständig und unschuldig in eine miese Falle gelockt worden war. Aber auch er war gegen einen Zauberer machtlos.

Der junge und der alte Herzbruder schämten sich echt in Grund und Boden, konnten aber mangels Geld nicht aus der Kompanie weg.

Da fiel mir plötzlich siedend heiß ein, dass ich ja Geld in meine Eselsohr-Armbänder eingenäht hatte. Die hätte ich beinah vergessen! Sie brauchten hundert Dukaten, also gab ich sie ihnen aus meiner Eselsohrreserve. Die beiden kriegten sich gar nicht mehr ein, so freuten sie sich. Der Alte setzte sogar ein neues Testament auf, in dem er mich als Miterben einsetzte, falls die beiden wieder an ihr Eigentum kommen würden.

Der junge Herzbruder war so angefressen von der miesen Aktion, dass er schwören wollte, dem Olivier den Hals umzudrehen. Aber der Alte verbot den unseligen Schwur und prophezeite, dass der, der Olivier umbringen würde, von mir den Rest bekommen sollte. Dass aber weder

Herzbruder noch ich mit Waffengewalt sterben würden. Also würde logischerweise keiner von uns den Olivier töten.[13] Wir sollten uns lieber versprechen, dass wir für immer zusammenhalten würden, lebenslange Blutsbrüder quasi.

O.k. Also kaufte sich der junge Herzbruder frei, reiste nach Hamburg und ließ sich bei der schwedischen Armee anwerben.

Ich blieb beim alten Herzbruder, kümmerte mich um ihn und pflegte ihn wieder gesund.

Er war ein guter Handleser, Horoskopsteller und beherrschte sonst noch ein paar Wahrsagertricks[14], deshalb fragten ihn viele im Lager nach ihrer Zukunft und seine Künste waren gefragt.

Er sagte sogar das Datum der großen Schlacht bei Wittstock voraus.

Dem fiesen Olivier gab er folgende Prophezeiung: »Du wirst umgebracht werden und der Simpel wird deinen Tod rächen!«

Klar, danach behandelte mich Olivier wie seinen best buddy.

Mir selbst sagte der Alte auch meine komplette Lebensgeschichte voraus. Das interessierte mich damals nicht die Bohne, später erinnerte ich mich aber noch manches Mal an seine Worte, vor allem dann, wenn sie wieder mal wahr geworden waren.

Vor allem warnte er mich vor dem Wasser, denn das würde mein Tod sein.

Er selbst hatte die ganze Zeit Angst vor dem 26. Juli. Verrückt! An diesem Tag verkroch er sich in sein Zelt und wollte niemanden sehen. Doch ein Leutnant wollte sich auf Teufel komm raus nicht abweisen lassen, weil er mit aller Gewalt genau an diesem Tag ein Horoskop haben wollte.

Niemand konnte ihn zurückhalten. Der Leutnant drängelte sich ins Zelt und der alte Herzbruder polterte genervt: »Pass nur auf, dass du nicht noch in dieser Stunde aufgehängt wirst.«

Das machte den Leutnant so sauer, dass er den Wahrsager vor Zorn in seinem eigenen Bett erstach und abhauen wollte.

Ihr könnt euch vorstellen, was da los war und rein zufällig ritt gerade der Kurfürst von Sachsen persönlich vorbei. Er ließ den flüchtigen Mörder einfangen und gleich an seinem allerbesten Hals aufhängen.

Nun stellte sich die Frage: Passierten all die Dinge, weil es so sein sollte und Herzbruder sie vorhersagte? Oder geschahen sie nur, weil sie vorhergesagt wurden?

Wie auch immer. Ich wäre jedenfalls froh, wenn der alte Herzbru-

---

13 Kompliziert, ich weiß. Aber die Worte des alten Herzbruders sollten tatsächlich wahr werden. Das werdet ihr im Laufe des Buches noch erfahren.
14 In meiner Zeit glaubten viele an so was!

der mir nicht so viel über meine Zukunft erzählt hätte. Denn ich merkte später, dass ich allen Katastrophen, die er mir prophezeit hatte, nicht ausweichen konnte. Und das, was laut seiner Vorhersage noch auf mich zukommen sollte, würde mir wohl auch nicht erspart bleiben. Das zu wissen, nervte echt.

Und er hatte mir gesagt, ich sei das Kind adeliger Eltern, das kriegte ich nicht aus dem Kopf.

Was sollte ich denn bitte damit anfangen? Schließlich waren mein Knan und meine Meuder alles andere als adelig, sondern einfache Spessartbauern.

Nachdem ich beide Herzbrüder verloren hatte, hatte ich eigentlich auch keinen Bock mehr auf das Lager in Magdeburg – und auf die Narrenkleider schon gleich gar nicht. Olivier war inzwischen Hofmeister geworden und schickte mich mit den Reitern auf Fourage.

Dieses permanente Gefangengenehme ging mir ganz schön auf den Keks!

Meine neue Verkleidung funktionierte so gut, dass sich nicht nur die Rittmeisterin, sondern auch noch ihr Mann und sein Knecht Hals über Kopf in mich verliebten. Zugegebenermaßen sah ich auch extrem gut aus und war saumäßig gut gebaut.

Gefühlt wollten mir alle an die Wäsche. Rittmeisterin und Rittmeister stellten sich quasi gegenseitig kalt beim Versuch, mich ins Bett zu bekommen.

Als lachender Dritter stand nachts Hans, der Knecht, vor meiner Tür, dem ich glaubwürdig versicherte, dass ich meine Jungfernschaft in die Ehe retten wollte. Da wollte der mich sogar heiraten, Mann echt! Er drohte, sich vor lauter Liebe mit seinem Degen zu erstechen, falls ich ihn nicht heiraten würde. Hilfe!

Ich vertröstete ihn auf den Morgen, um erst mal Zeit zu schinden, sah aber ein, dass die Nummer mit den Frauenkleidern definitiv nicht gut enden konnte. Ich musste aus den Frauenklamotten raus! Das war ja noch schlimmer als das Narrenfell!

Der Knecht passte mich am nächsten Tag ab und fing ohne Vorwarnung an, mich niederzuknutschen. Was blöderweise der Rittmeister sah und ihn vor Eifersucht völlig austicken ließ.

Na toll, jetzt war der Chef nicht nur auf den Knecht, sondern auch noch auf mich sauer. Das wurde ja immer besser.

7 Die Frauenklamotten bringen mir einen Verlobten, eine Beinahe-Vergewaltigung und mich fast vor den Hexenrichter.

Mein Rittmeister war derart angepisst, weil ich nicht auf ihn stand, dass er mich den Reiterknechten zum Spielen gab. Ihr versteht, was ich meine?

Und ihr könnt euch vorstellen, dass die jungen Männer, die seit Monaten im Kriegslager waren, nichts Gutes mit mir vorhatten. Sie zerrten mich zu einem Gebüsch.

Mein Hans versuchte, mich zu retten und brachte einige Männer auf seine Seite, weil er mal locker behauptete, ich sei seine Verlobte.

War mir in dem Moment egal. Hauptsache, ich bekam Hilfe!!

Es gab eine Riesenschlägerei um mich, die den Rumormeister[15] auf den Plan rief. Er erschien exakt in dem Moment, als sie mir die Klamotten vom Leib rissen und erwartungsgemäß bemerkten, dass ich keine Frau war. Sofort war alles mucksmäuschenstill. Die meisten machten sich schnell aus dem Staub.

Ich war kurz happy, weil ich dachte, jetzt wäre ich aus dem Schneider. Falsch gedacht. Er nahm mich gefangen, weil ihm ein Mann in Frauen-

---

15 Komischer Name, ich weiß. Der *Rumormeister* war zu meiner Zeit so was wie ein Abteilungsleiter, nur beim Heer, der für Ordnung sorgen muss. Meistens wurde das ein alter Soldat, der zum Kampf nicht mehr taugte. Allerdings ist er nicht für die Soldaten zuständig, sondern für den Tross. Das sind die, die mit den Soldaten ziehen: Fliegende Händler, auch Marketender genannt, Nutten und sonstige Strolche.

kleidern unter den Soldaten sehr verdächtig vorkam. O.k., das kann man ja irgendwie verstehen.

Weil just an diesem Tag die Sächsische und die Kaiserliche Armee gemeinsam aufbrechen wollten, um gegen die sich nähernden Schweden zu kämpfen, standen alle Regimenter bereit zum Losmarschieren. Und ich wurde in meinem Zustand gefühlt am kompletten Heer entlanggeführt. Toll, jetzt blamierte ich mich auch noch vor dem allerletzten Deppen.

Natürlich kamen wir auch beim Regiment meines Obristen vorbei. Jemand erkannte mich und ich wurde von dem alten Profoss gefangen genommen und gefesselt. Lief bei mir.

Na ja, immerhin bekam ich richtige Klamotten. Ich musste in Ketten marschieren und bekam kaum was zu essen.

Ausgerechnet Olivier hielt mich am Leben und von ihm erfuhr ich auch, dass ich nicht nur als feindlicher Kundschafter und Spion angeklagt werden sollte, sondern zu allem Überfluss auch noch als Hexer.

Denn während ich weg war, waren ein paar Frauen als Hexen verbrannt worden und die hatten ausgesagt, dass ich mit ihnen auf dem Hexensabbat gewesen wäre und wir geplant hätten, die Elbe auszutrocknen, damit Magdeburg leichter eingenommen werden könnte.

Das konnte doch alles nicht wahr sein!

Der Generalauditor[16] wollte bei der Befragung Folgendes von mir wissen:

1. Ob ich studiert hätte bzw. lesen und schreiben könnte.
2. Warum ich als Narr verkleidet ins Lager gekommen sei, ich wär doch gar nicht so blöd.
3. Warum ich mich mit Frauenklamotten verkleidet hätte.
4. Ob ich mit den anderen Zauberern auf dem Hexentanz war.
5. Was mein Heimatland sei und wer meine Eltern.
6. Wo ich war, bevor ich ins Lager von Magdeburg kam.
7. Wo und warum ich Frauenarbeit wie waschen, backen, kochen und noch dazu Laute spielen gelernt hätte.

---

16 Der Generalauditor war eine Art Richter oder Staatsanwalt beim Militär. Ich saß also ganz schön in der Patsche.

Ich wollte gleich mein ganzes, verrücktes Leben erzählen, aber der Regi-
mentsschultheiß war total kaputt vom Marschieren und eh von mir
genervt, also wollte er nix hören, außer kurzen Antworten auf die Fragen.

O.k. Auch gut. Also:

1. Ich hab zwar nicht studiert, kann aber lesen und schreiben.
2. Ich hatte nichts anderes zum Anziehen.
3. Weil ich die blöden Narrenklamotten endlich los werden wollte und
   keine Männerkleider gefunden hab.
4. Ja, ich bin aber unfreiwillig hingeflogen und kann auch nicht zaubern.
5. Ich komm aus dem Spessart und meine Eltern sind Bauern.
6. Beim Gouverneur in Hanau und bei einem Kroaten namens Obrist
   de Corps.
7. Waschen, backen und kochen musste ich bei den Kroaten lernen,
   Laute spielen in Hanau.

Vielleicht wäre es schlauer gewesen, doch ein bisschen konkreter zu antworten.

Aber egal, ich wurde auf jeden Fall weiter gefangen gehalten mit dem
Plan, mich genauer zu befragen, sobald die Armee wieder lagerte – und
dann vermutlich unter der Folter.

Mir war echt zum Heulen.

Als wir abends lagerten, wurde ich vor den (auch leicht genervten)
Generalauditor gebracht. Der war sich nicht sicher, ob er es mit einem Idioten oder einem raffinierten Drecksack zu tun hatte. Er befrage mich aus-
führlicher, ließ mich was aufschreiben und anschließend noch mal gründ-
lich durchsuchen.

Mist, dabei fand der Profoss meine Eselsohr-Armbänder mit dem Geld.

Jetzt war ich natürlich oberverdächtig. Alle waren sicher, dass ich ein
Verbrechen oder einen Anschlag geplant hätte, und ich sollte gefoltert
werden.

Da begann glücklicherweise (blöde Wortwahl in dem Fall, ich weiß) die
Schlacht. Die Schweden griffen an und das war meine Rettung!

Wir waren eigentlich hinter der Kampflinie, doch plötzlich brach
ein unvorstellbares Chaos los. Kugeln pfiffen uns nur so um die Ohren,
Waffen klirrten, Kanonen donnerten, es rauchte, es staubte, mutige Sol-
daten stürmten jubelnd ins Gefecht,
Trompeten, Trommeln und
Pfeifen riefen zum Kampf,
Sterbende schrien, Feiglinge rann-
ten davon oder wollten sich ergeben,

Tote und Verletzte lagen überall, ach, die grausamen Einzelheiten will ich euch hier ersparen[17].

Jeder versuchte nur noch, sein nacktes Leben zu retten. Die schwedischen Sieger jagten unsere Verlierer vor sich her und bei dieser Gelegenheit wollte sich auch der Profoss dünnemachen.

Plötzlich kam der junge Herzbruder mit fünf Pferden angeritten und schrie: »Ha, du alter Hund! Jetzt zeig ich's dir!« und schoss aus seiner Pistole.

Aber (ich glaubte meinen Augen kaum) der Profoss hatte nicht den kleinsten Kratzer!

»Was? Bist du ein Teufel? Dich bring ich um und wenn dir die Seele angewachsen wäre!«, brüllte Herzbruder rachsüchtig und zwang einen Musketier, den Profoss mit einer Axt zu erschlagen. Das funktionierte.

Mich erkannte er Gott sei Dank und ließ mich von seinem Knecht befreien und in Sicherheit bringen.

Zwar war ich nun (zusammen mit dem Knecht) in Sicherheit. Blöderweise war aber mein Herzbruder wie vom Boden verschluckt (weil von den Gegnern gefangen genommen, wie ich später erfuhr), als die Sieger ihre Beute teilten. So wurde ich schon wieder Reiterjunge. Mann, echt.

Ich musste im Quartier wieder mal Laute spielen und während wir Richtung Westfalen marschierten, meinem Rittmeister den Kürass[18] tragen. Ein Kürass soll ja eigentlich seinen Träger vor Angriffen schützen. Das ging bei mir leider nach hinten los.

Denn unter meinem Kürass hatte sich eine Armee von Läusen (auf mir) formiert, die mir nach dem Blut trachteten. Ihr könnt euch nicht vorstellen, wie das juckte und kratzte.

Ich war schier am Durchdrehen, weil ich durch den blöden Brustpanzer die vermaledeiten Miniatur-Laus-Soldaten nicht erwischen konnte.

Schließlich bastelte ich mir aus dem Ladestock[19] meiner Pistole, den ich vorne mit einem Stück Pelz und etwas klebrigem Band umwickelte, eine provisorische Läuseangel.

---

17 Wer die blutigen Details der Schlacht bei Wittstock wissen will, kann in meiner Original-Lebensbeschreibung alles nachlesen. Ich mag gar nicht mehr dran denken und kürze deshalb an dieser Stelle ab.

18 Ein Kürass ist ein Brustpanzer. Ihr erinnert euch bestimmt noch an die Kürassiere vom Anfang der Geschichte? Da hatten wir das ja schon.

19 Die Pistolen zu meiner Zeit mussten mit einem Ladestock durch das Rohr von vorn erst mit Zündpulver befüllt werden, das wurde mit dem Ladestock festgestopft, dann kam die Kugel rein, die ebenfalls festgestopft wurde und erst dann konnte die Lunte abgebrannt und die Kugel abgeschossen werden. Ziemlich meditative Sache, bis man endlich zum Schuss kam – aus eurer Sicht betrachtet.

Damit stocherte ich durch alle Öffnungen unter meinen Brustpanzer und fischte das lästige Ungeziefer in Massen aus meinem Kragen und sonstigen Löchern. Aber so wirklich viel brachte das leider auch nicht.

Eines schönen Tages lagerten wir in einem kleinen Wald zwischen Hamm und Soest in Westfalen und warteten auf die Schlacht. Ich nutzte die Zeit, um meine eigene Schlacht zu schlagen, weil sich *meine* Läuse derart vermehrt hatten, dass ich dachte, sie fressen mich mit Haut und Haar.

Also verkroch ich mich unter einen Baum, zog den verdammten Kürass aus und lieferte den kleinen Plagen die Schlacht ihres Lebens. Ich startete ein blutiges Gemetzel und zermalmte die kleinen Biester zwischen meinen Fingernägeln, dass das Blut nur so lief. Ich war derart im Läuseblutrausch, dass ich nicht mal mitbekam, wie die Kaiserlichen meinen Obrist Leutnant gefangen nahmen und auch mich erwischten.

Frechheit eigentlich, denn während das tapfere Schneiderlein bekanntlich nur sieben auf einen Streich erwischt hatte, hatte ich gerade Tausende niedergemetzelt. Die Kaiserlichen hätten ruhig ein bisschen mehr Respekt vor einem Helden wie mir haben können.

Ein Dragoner nahm mich gefangen und wurde so mein sechster Herr in diesem Krieg. Lief echt bei mir.

Das ging jetzt vielleicht ein bisschen schnell. Also noch mal zum Mit-schreiben:

8 Ich werde meiner Läuse ledig, komme ins Paradies und werde zum Jäger.

Kap. 29-30

Unsere Wirtin, die nicht wollte, dass ich ihr ganzes Haus mit meinen Läusen verseuchte, steckte meine kompletten Klamotten in den Backofen und brannte alles Ungeziefer aus.

Was für eine Wohltat, nachdem ich wochenlang gefühlt in einem Amei-senhaufen gesessen hatte. Aber kaum war ich eine Plage los, kam die nächste. Vom Regen in die Traufe.

Denn mein neuer Herr wollte scheinbar unbedingt in den Himmel kommen. Er war unerträglich anständig, ehrlich und vor allem sparsam. Es gab nur Wasser, dünnes Bier und Pumpernickel und ich magerte zuse-hends ab. War das ätzend!

Wir kamen fast so abgerissen daher wie mein seliger Einsiedel. Der Gaul, den er mir gegeben hatte, war ein klapperdürrer Klepper, auf dem ich weder Schweden noch Hessen hätte nachjagen können.

Weil mein Herr so fromm war, wurde er ins *Paradies* abkommandiert.

Nein, keine Panik, es war nur ein Nonnenkloster, das passenderweise so genannt wurde.

Ich musste mit ihm kommen und unterwegs frohlockte er: »Mensch, Simbrecht! (Er konnte sich einfach meinen Namen nicht merken) Jetzt kommen wir ins Paradies und werden richtig schlemmen.«

Ich war skeptisch, aber der Name war tatsächlich Programm. Anstatt der Engel lebten dort schöne Jungfrauen (also Nonnen), die uns mit leckerem Bier, westfälischem Schinken, Knackwürsten, Rindfleisch, Brot, fingerdick gebuttert und mit Käse belegt, und anderen Köstlichkeiten mehr verwöhnten. Ich erreichte schnell wieder meine alte Gewichtsklasse.

Nachdem ich von einer Patsche ins nächste Unglück gestolpert war, schien das Glück endlich bei mir etwas gutmachen zu wollen. War ja auch Zeit!

Als mein Herr mich nach Soest schickte, um sein restliches Zeug zu holen, fand ich ein Päckchen mit ein paar Metern scharlachrotem Mantelstoff samt passendem Samt, um ihn abzufüttern.

Das tauschte ich in Soest bei einem Stoffhändler gegen einen grünen Stoff, von dem ich mir gleich Klamotten nähen ließ und einen neuen Hut samt Hemd und Schuhen kaufte.

So nagelneu ausstaffiert, kam ich zurück ins Paradies, wo mein Herr stinksauer war, weil ich ihm meinen Fund nicht gebracht hatte. Trotzdem hatte ich in den nächsten Wochen im Kloster ein wortwörtlich paradiesisches Leben.

Ich übte mit einem anderen Soldaten fechten und freundete mich mit dem Jäger des Klosters an, der ja auch grün angezogen war. Ich lernte von ihm das Jägerhandwerk und weil sich eh niemand meinen Namen merken konnte, nannten sie mich einfach *das Jägerchen*.

Wenn das Wetter zu schlecht war, um in den Wald zu gehen, las ich jede Menge Bücher im Kloster. Und weil ich, in aller Bescheidenheit bemerkt, so unfassbar schön war, hielten mich die adeligen Klosterfrauen für einen von Adel.

Als der Winter vorbei war, starb mein Herr und ich ließ ihm folgende Inschrift aufs Grab machen:

DER SCHMALHANS
LIEGT HIER.

EIN TAPFERER SOLDAT,
DER SEIN LEBTAG
KEIN BLUT
VERGOSSEN HAT.

Eigentlich hätte der Hauptmann jetzt alles geerbt, was meinem Herrn gehörte. Aber er bot mir an, mir alles zu geben, wenn ich an die Stelle meines Herrn treten würde.

Ich Fuchs wusste, dass in die Hosen des Verstorbenen sein ganzes Geld eingenäht war, also wollte ich das Erbe ausgesprochen gern antreten.

Allerdings hatte der Schreiber seine liebe Last, meinen Namen *Simplicius Simplicissimus* in die Soldatenliste zu schreiben. Sein Problem, Hauptsache mein Hauptmann fand mich gut.

So schaffte ich es tatsächlich, endlich selbst Soldat zu werden. Ich gönnte mir ein Pferd von meinem *Hosenerbe* und ließ mir neue, grüne Klamotten machen, denn der Name *Jägerchen* gefiel mir echt gut.

Meine alten Klamotten waren wegen der guten Ernährung ziemlich knapp geworden, deshalb schenkte ich mein zu eng gewordenes Outfit meinem Pferdeburschen. Ich ritt daher wie ein junger Adliger und natürlich waren gleich alle möglichen Leute neidisch auf mich und wollten mir gern eine reinwürgen. Denen zeigte ich gleich, wo der Frosch die Locken hat, und nach ein paar Schellen und einigen erfolgreichen Zankereien mit dem Feind traute sich keiner mehr, sich mit mir anzulegen.

Plötzlich hatte ich nur noch Freunde.

Der General Graf von Götz hatte in Dorsten, Lippstadt und Coesfeld noch drei feindliche Garnisonen liegen. Ich machte mir einen Spaß daraus, sie zu ärgern und sie immer wieder zu beklauen. Das sprach sich schnell rum, ich wurde quasi ein Star in der Fouragierer-Welt. Man erzählte sich, ich könne mich unsichtbar machen und sei unverwundbar.

Ich wurde gefürchtet wie die Pest. Das fand ich endgeil. Ich kam mir vor wie Superman.

Nach einiger Zeit hauten die Gegner schon ab, wenn sie nur meinen Namen hörten, und ich raffte immer mehr Geld zusammen. Meine Vorgesetzten und Kameraden vergötterten mich und die Leute aus den Dörfern halfen mir auch, weil ich locker die Hälfte meiner Beute an sie verteilte. So Robin-Hood-mäßig, ihr wisst schon.

Wenn ich nicht so blutjung gewesen wäre, wäre ich garantiert sofort befördert worden. Leider war gerade kein Posten frei.

Ich kam mir jeden Tag noch cooler vor, mir war schlicht die Welt zu klein.

9   Der Teufel kommt den Kamin runter, aber nicht mehr rauf und Pfarrer und Jäger haben eine Brieffreundschaft.

Bei Recklinghausen planten wir einen Überfall und versteckten uns deshalb mit fünfzig Mann im Gebüsch, bis uns irgendwann beim Warten der Proviant ausging. Wären wir einfach was klauen gegangen, wären wir aufgeflogen. Deshalb machten wir uns nachts auf eine heimliche Raubtour, bei der ich den Kaminkehrer gab.

Und was mir da passierte, muss ich euch unbedingt erzählen, denn das ist die Hammerstory.

Weil ich mitbekommen hatte, dass ein Pfarrer in einem Dorf in der Nähe jede Menge Speck, Schinken und Würste in seinem Kamin zum Räuchern aufgehängt hatte, kletterte ich nachts heimlich in den Kamin und angelte die leckeren Wurstwaren heraus.

Dummerweise stürzte ich, als ich fast fertig war, den Kamin runter in die Küche und der Pfarrer wurde von meinem wortwörtlichen Einbruch geweckt. So ein Mist. Um nicht doch noch aufzufliegen, schickte ich alle Soldaten, die oben auf dem Dach warteten, weg.

Nur mein Soldatenkumpel mit dem ungewöhnlichen Namen *Spring-ins-Feld*[20] sollte bleiben und mir irgendwie helfen.

Ich schmierte mich erst mal mit Ruß aus dem Kamin schwarz an, fing an, Krach zu machen und Poltergeist zu spielen. Da erschien der Pfarrer.

Er machte mit seiner Köchin zusammen eine Prozession. Sie hatten sogar Wachskerzen und Weihwasser in den Händen. Er hatte seine Bibel in der Hand und versuchte, mich zu exorzieren.

Er beschwor mich: »Teufel, geh dahin, woher du gekommen bist!«

Wenn er wüsste, wie gern! Aber wie?!

Also antwortete ich mit möglichst dämonischer Donnerstimme: »Das ist unmöglich!«

Was ja auch stimmte, denn ich hatte nicht die leiseste Idee, wie ich den Kamin wieder hochkommen könnte. Währenddessen hatte der Spring-ins-Feld auf dem Dach kapiert, dass ich da unten rumteufelte. Er fing an, durch den Kamin herunter (als akustische Unterstützung) wie eine Eule zu rufen, zu bellen, zu wiehern, wie ein Geißbock zu blöken und wie ein Haufen Katzen zu schreien.

Den Pfarrer und seine Köchin packte das nackte Grausen und ich hatte fast schon ein schlechtes Gewissen.

Ich schaffte es, abzuhauen, und dank des erbeuteten Proviants konnten

---

20 Der Spring-ins-Feld wird in meinen späteren Büchern (Ja, ich hab noch einige mehr geschrieben als das hier) noch wichtig werden. Unter anderem wird er im Nachfolgebuch zu meiner Lebensgeschichte die Courasche hei … ups! Spoileralarm! Die kennt ihr ja noch gar nicht. Jetzt verrat ich nichts mehr.

wir in unserem Versteck bleiben, bis wir den geplanten Überfall starten konnten. Wir machten unfassbar viel Beute und ich wurde so übermütig, dass ich dem armen Pfarrer, den ich eh schon so veräppelt hatte, noch einen Brief schrieb und einen geklauten Goldring schickte.

Ich schrieb:

Als wir nach einigen Umwegen wieder zurück nach Soest in unser Quartier kamen, lag da tatsächlich ein Antwortbrief:

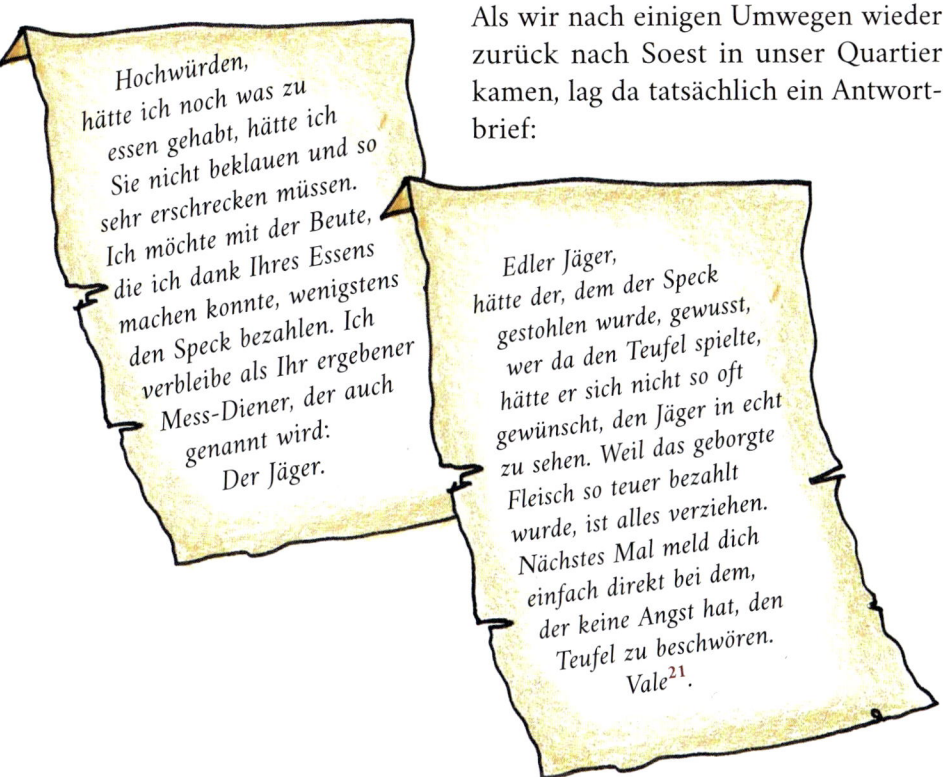

Hochwürden,
hätte ich noch was zu essen gehabt, hätte ich Sie nicht beklauen und so sehr erschrecken müssen. Ich möchte mit der Beute, die ich dank Ihres Essens machen konnte, wenigstens den Speck bezahlen. Ich verbleibe als Ihr ergebener Mess-Diener, der auch genannt wird:
Der Jäger.

Edler Jäger,
hätte der, dem der Speck gestohlen wurde, gewusst, wer da den Teufel spielte, hätte er sich nicht so oft gewünscht, den Jäger in echt zu sehen. Weil das geborgte Fleisch so teuer bezahlt wurde, ist alles verziehen. Nächstes Mal meld dich einfach direkt bei dem, der keine Angst hat, den Teufel zu beschwören.
Vale[21].

Solche Spielchen machte ich überall, wurde dadurch ein richtiger Star und je mehr ich verschenkte, umso mehr Beute konnte ich machen.

Deshalb glaubte ich, dass ich den teuren Ring richtig gut angelegt hätte. Aber hiermit hat dieses zweite Buch ein

Ende.

---

21 Vornehm für: Tschüss. Aber ihr habt sicher schon gemerkt, dass in den Briefen ziemlich rumgeschwurbelt wurde, statt Klartext zu reden.

Das dritte Buch

1   Meine beste Zeit als Jäger, mein Fight mit dem Fake-Jäger und meine langsame Besserung.

Im letzten Buch habt ihr ja schon gemerkt, dass mir mein Ruhm in Soest ganz schön zu Kopf gestiegen war und ich den Hals einfach nicht voll bekommen konnte.

Ganze Nächte schlug ich mir um die Ohren, um mir neue Betrügereien auszudenken.

Dabei erfand ich total geniale Schuhe. Und zwar waren die Sohlen falsch rum auf die Schuhe genagelt, also die Spitzen hinten und die Absätze vorn. Davon ließ ich dreißig Paar machen und wenn ich mit meinen Jungs auf Raubzug war, wechselten wir zwischendurch die Schuhe, was Verfolger maximal verwirrte.

Denn den Spuren nach sah es aus, als hätte sich eine Gruppe Menschen getroffen, wieder getrennt oder als wären alle in unterschiedliche Richtungen gegangen. Unmöglich also, unserer Fährte zu folgen.

Geile Idee, gell?!

Weil das so viel Spaß machte, nagelten wir unterwegs manchmal auch den Pferden die Hufeisen verkehrt herum drauf, um unsere Verfolger zu veräppeln.

Außerdem dachte ich mir ein Instrument aus, mit dem man nachts oder halt, wenn es super ruhig war, ganz weit weg hören konnte. So was wie ein Fernglas, nur eben zum Hören. Stellt euch vor, ich konnte damit Menschen belauschen, die eine Fußstunde von mir entfernt redeten!

Meine Erfindungen waren natürlich topsecret! Klar verstehe ich, wenn ihr mir das nicht glauben wollt, das ist schon ziemlich abgefahren. Selbst die, die es mit eigenen Augen gesehen haben, waren total geflasht.

Meine Kumpels hielten mich erst für einen Angeber, als sie merkten, dass alles stimmte, was ich über das Instrument hörte, für einen Zauberer. Was für ein Quatsch.

Jedenfalls klaute ich mithilfe meiner Tricks alles, was nicht niet- und nagelfest war und teilte treu und brav mit meinen Kameraden und Offizieren. Deshalb war ich der Held und alle halfen mir, gaben mir Alibis und ich wurde beim Klauen immer dreister.

Statt mir einen Anschiss zu verpassen, machten meine Vorgesetzten selber mit. Alles, was mir der gute Einsiedler beigebracht hatte, war vergessen.

Ich wurde völlig gottlos, der totale Verbrecher, und nach und nach wurden immer mehr Leute neidisch oder sogar böse auf mich.

Ich wollte mir grad eine Teufelsmaske als horrormäßige Verkleidung mit allem Drum und Dran machen lassen (auf die Idee hatte mich der Speck-Schornstein-Pfarrer gebracht), da steckte mir jemand, dass mich so ein dahergelaufener Kerl in Werle kopieren würde.

Es hieß, er hätte auch ein grünes Outfit und würde sich bei seinen Raubzügen aufführen wie eine Wildsau. Frechheit!

Ich war immer super anständig, beklaute nur die Reichen oder die, die es verdient hatten, und der Drecksack versaute mir komplett meinen Ruf! Das ging gar nicht!

Also forderte ich ihn zum Duell. Aber der miese Feigling erschien einfach nicht. Da verbrannte ich vor aller Augen meine Jäger-Klamotten samt Zubehör und schwor, erst wieder loszuziehen, wenn ich den falschen Jäger erwischt hätte. Dann schob ich erst mal eine ganz ruhige Kugel.

Den falschen Jäger interessierte das allerdings Nullinger, der machte fröhlich weiter. Inzwischen hatte ich mir natürlich einen Racheplan ausgedacht, ich bin ja nicht blöd.

Während alle glaubten, ich würde nur noch an der Matratze horchen, schickte ich meinen supertreuen Diener zu meinem Feind, dem sogenannten *Jäger von Werle*.

Mein Diener bequatschte ihn, dass meine Faulheit nicht mehr zu ertragen sei, und brachte den Jäger von Werle dazu, an einem bestimmten Tag zu einem Schäfer zu gehen, um dessen Hammel zu klauen. Natürlich war das eine Falle und der Schäfer bestochen. Mein zweiter Diener und der Spring-ins-Feld, die beide als Teufel verkleidet waren, um unser Opfer ordentlich zu erschrecken, und ich schnappten uns den falschen Jäger.

Die verkleideten Teufel terrorisierten den Jäger von Werle derart, dass es dem Feigling ging wie mir damals in Hanau, als ich die Luft verpestete. Ihr wisst schon, er machte sich in die Hosen, und zwar nicht zu knapp. Der arme Kerl tat mir fast schon leid und ich hätte es gut sein lassen, aber Spring-ins-Feld war nicht zu stoppen.

Er zwang den Jäger von Werle dazu, drei der Schafe buchstäblich am A**** zu lecken und zerkratzte ihm dazu noch das komplette Gesicht. Da hatte er sich ein bisschen hinreißen lassen. Der Jäger von Werle war damit Geschichte.

Über mich, den Jäger von Soest, erzählte man sich von da an, dass ich mit zwei Teufeln im Bunde sei. Das war den Leuten echt unheimlich, jetzt hatten sie Angst vor mir. Als ich checkte, dass die Nummer ein bisschen nach hinten losgegangen war (weil mich halt immer weniger leiden konnten), versuchte ich, mein Leben zu ändern.

Zwar ging ich noch zum Klauen los, aber ich war extrem nett dabei, so eine Art Gentleman-Gauner quasi. Und ich fing an, zu sparen. Ich legte Geldverstecke in hohlen Bäumen in der Gegend an, weil eine Wahrsagerin[1] mir geflüstert hatte, dass ich nicht mehr allzu viele Freunde in meinem Lager hatte.

---

[1] Jetzt denkt ihr sicher, ich spinne komplett. Wahrsagerin und so. Aber es hatten schon ein paar von diesem Verein ziemlich gut gelegen. Also wollte ich lieber auf Nummer sicher gehen.

Kap. 4-6

2   Jupiter plant einen deutschen Helden, schafft den Weltfrieden und ich werde zum Götterflüsterer.

Auf einem unserer Raubzüge warteten wir mal auf eine Gruppe Kaufleute. Da tauchte plötzlich so ein Typ auf, benahm sich ziemlich seltsam und nannte sich Jupiter.

Erst fand ich den ja noch ganz witzig. Aber je länger ich seinem Gelaber zuhörte, desto mehr ging er mir auf den Keks. Vor allem...

...seine absurden Ideen und Phantasien fand ich echt krass

Mir war ja schon so mancher Irre über den Weg gelaufen. Aber der selbsternannte Jupiter schoß echt den Vogel ab. Höhepunkt war dann die Nummer...

...mit dem von ihm selbst erschaffenen deutschen Helden, der die Welt retten und den immer währenden Frieden bringen sollte. Zwischendurch..

...ließ er dann auch noch die Hosen runter und fing seine Läuse. Geil, eh!

Die Nummer war echt heftig. Ich hatte ja erst gedacht, der Kerl sei ein Adliger, weil er so gut angezogen war. Aber da hatte ich weit danebengelegen. Er hielt nicht nur sich für einen Gott, sondern mich auch noch für seinen Diener.

»Du siehst meinem lieben Mundschenk Ganymed[2] ähnlich, deshalb mag ich dich.«

Super, dann war also der oberste römische Gott mein neuer bester Freund, der mich noch dazu für eine irdische Gottheit hielt.

»Die Welt ist so verkommen, dass ich es sogar im Himmel gehört habe. Eigentlich wollte ich wieder eine Sintflut auf die Erde schicken. Dann habe ich mir überlegt, dass ich erst auf die Erde hinuntersteige und mir anschaue, wen genau ich vernichte und wen ich überleben lasse.«

Alles klar. Ein Irrer mit Plan also. Der hatte sich ja was vorgenommen.

Seine Vorstellungen zum deutschen Helden waren auch total konkret: »Ich erschaffe einen deutschen Helden.

Er wird alle bösen Menschen umbringen und alle guten verschonen. Er wird keine Hilfe brauchen, wird stark, weise, schlau, schön, tugendhaft, anmutig und beliebt sein und über die ganze Welt herrschen.«

Das hörte sich ja so weit ganz spannend an, aber ich hatte da doch noch ein paar Anmerkungen: »Wie soll dieser heldenhafte Amoklauf ohne Blutvergießen funktionieren? Und warum sollten alle Herrscher der Welt einfach nachgeben?«

Aber er hatte an alles gedacht. Sein Wahnsinn hatte ganz klar Methode:

»Er wird ein Zauberschwert haben, das Vulkanus[3] aus dem gleichen Material schmiedet, aus dem meine Donnerkeile sind. Dann wird er von Stadt zu Stadt ziehen und die Bösen bestrafen. Wenn die Städte befriedet sind, nimmt er aus jeder Stadt die zwei klügsten und gelehrtesten Männer mit und macht aus ihnen ein Parlament, das Deutschland regiert. Es wird im ganzen Land keine Leibeigenen, keine Zölle und keine Steuern mehr

---

2 *Ganymed* galt als Schönster aller Sterblichen (das erklärt vermutlich, warum Jupiter mich mit ihm verwechselte) und wurde vom Göttervater selbst zum Mundschenk der Götter (quasi Tischkellner), nebenbei auch gleich unsterblich und für immer jung, gemacht.

3 Ihr ahnt es schon. Es geht wieder um römische Götter. *Vulkanus* ist fürs Feuer zuständig und deshalb auch Schmied, was ja irgendwie Sinn macht. Er schmiedet angeblich die Donnerkeile, also Blitze für Jupiter (längere Geschichte) und designte diverse Wunderwaffen in der Antike. Ich sagte ja schon, die Göttergeschichten sind auch ein guter Buchtipp!

geben. Ich werde regelmäßig mit all meinen Göttern hinunter zu den Deutschen steigen und das Land mit allem Überfluss segnen. Ich selbst werde deutsch reden und Deutschland wird sein wie einst das römische Reich.«

Ui. Auf welchem Trip war der denn?!

»Höchster Jupiter«, fing ich mal ganz vorsichtig an: »Glaubst du nicht, die Herrscher werden das weniger lustig finden und sich dagegen wehren?«

»Das interessiert den Helden nicht. Die bösen Herrscher werden sterben, die anderen können gehen oder bleiben, denn Machthaber gibt es dann keine mehr. Alle Menschen werden leben wie die Fürsten. Er wird noch schnell den Rest der Welt erobern und baut mit seinem Parlament eine gigantische, luxuriöse Mega-Stadt mitten in Deutschland. Dann wird für immer Frieden im Land, in der ganzen Welt und zwischen allen Völkern sein.«

Aha. Dann war ja alles klar.

Spring-ins-Feld konnte sich nicht zurückhalten: »… und Deutschland ist dann das Schlaraffenland. Es regnet Muskatellerwein, Pasteten schießen wie Pilze aus dem Boden und wir werden nur noch fressen und saufen.«

Das fand ihre Gottheit kein bisschen lustig und bügelte den frechen Kommentar ab. Lieber wendete er sich wieder an mich, den er als einzigen Ebenbürtigen ernst nahm.

Ich war halt ein Götterversteher und verbiss mir tapfer das Lachen.

»Lieber Jupiter, ignorier einfach diesen primitiven Waldgott. Erzähl mir lieber, wie es mit Deutschland weitergeht.«

Inzwischen war er komplett überzeugt, dass ich sein Mundschenk Ganymed sei, und ich ließ ihn in dem Glauben.

»Alle in Deutschland werden den Stein der Weisen besitzen und Gold machen können. Der Held wird Frieden zwischen alle Religionen der Welt und außerdem eine Universalreligion[4] schaffen.«

Dann wollte er wissen, wie und warum ich eigentlich aus dem Himmel gekommen wäre.

Langsam hatte ich den Verdacht, der Typ wäre so ähnlich unterwegs wie ich damals in Hanau und würde sich nur blöd stellen. Deshalb wollte ich ihn testhalber ärgern und sehen, wie er reagiert.

»Ich hab dich im Himmel vermisst, da hab ich mir Flügel geliehen, bin runtergeflogen und hab dich gesucht. Und stell dir vor, die Menschen haben ein total schlechtes Bild von dir und deinen Götterkumpels. Euer Image hier unten ist total im Arsch.«

Ihn erschütterte nur der Teil mit seinem Image und er wollte kurzerhand die Lästermäuler plattmachen.

---

4 *Universalreligion* bedeutet, dass alle Menschen der Welt gemeinsam eine einzige Religion haben. Schöne Vorstellung eigentlich. Ein Grund weniger, sich die Köpfe einzuschlagen.

Als er dann, wie bereits beschrieben, mitten im Satz völlig entspannt seine Hose runterzog und anfing, Läuse zu fangen, brach sogar ich fast zusammen.

Dabei hielt er allen Ernstes einen Vortrag darüber, dass die Läuse eine Beschwerde-Abordnung zu ihm geschickt hätten, weil sie von den Frauen so schlecht behandelt würden.

Die Frauen würden die Läuse in Massen zwischen den Fingern zerquetschen und umbringen. Außerdem würden die Frauen sogar ihre Hündchen, die eigentlich das Heimatland der Flöhe seien, dauernd waschen und kämmen und so die Flöhe aus ihrer Heimat vertreiben.

»Um ein faires Urteil fällen zu können, habe ich den Flöhen erlaubt, diesen menschlichen Leib hier zu besiedeln. Da fing dieses Lumpengesindel an, mich zu piesacken und jetzt kann ich die Frauen verstehen. Sie dürfen die Läuse zukünftig zerquetschen und metzeln, wie sie wollen! Sauviecher.«

Großartig, der Typ. Aber halt relativ schwer ernst zu nehmen, wenn er während der staatstragenden Rede über die theoretische Weltrevolution gleichzeitig seinen Hintern nach Flöhen absuchte.

3 Ich krieg meinen eigenen Narren, werde eingesperrt, erobere mit drei Baumstämmen eine Stadt und schaffe es, mich zu befreien.

Kap. 7-10

Endlich kamen die Kaufleute, auf die wir die ganze Zeit warteten, weil wir sie überfallen wollten. Mit einem weiteren meiner Super-Tricks in Kombination mit Spring-ins-Felds Tierstimmen-Imitationstalent lockten wir sie in einen Hinterhalt und überwältigten sie.

Den komischen Jupiter wurde ich in dem ganzen Chaos leider nicht los und so hatte ich plötzlich meinen eigenen Hausnarren. Dabei war letztes Jahr noch ich der Depp der Truppe gewesen.

Ist das nicht kurios?

Letztes Jahr war ich selbst Knecht gewesen, jetzt hatte ich zwei. Verrückt, wie schnell sich die Dinge ändern. Es gibt nichts in der Welt, das beständiger ist als die Unbeständigkeit.

Ironie des Schicksals.

Spring-ins-Feld und ich waren die Chefs in Sachen Plünderung und ihr könnt euch kaum vorstellen, wie viel Geld und Pferde wir in dieser Zeit auf die Seite schafften. Je mehr Glück ich hatte, umso cooler fand ich mich.

Ich schmiss mein Geld mit beiden Händen zum Fenster raus, ging mit meinen Soldatenkumpels saufen und prügeln und hatte sogar ein Duell mit einem anderen Soldaten. Natürlich verließ ich mich nicht auf mein Glück, sondern benutzte wieder einen Trick, um meinen Gegner zu besiegen. Er biss logischerweise ins Gras und ich, na ja, wurde blöderweise gefangen genommen, weil Duellieren eigentlich strengstens verboten war.

Dabei sah das eigentlich keiner so ganz eng, wenn da mal der eine oder andere erschossen wurde. Eigentlich. Ausgerechnet jetzt wollte unser Chef hart durchgreifen. Natürlich bei mir.

Dumm gelaufen, jetzt musste ich mir was einfallen lassen, um aus der Nummer, konkret aus dem Knast, rauszukommen.

Mir kam eine Idee: Dank meines Rufes wurde ich zum Grafen vorgelassen, der eine gut befestigte Stadt einnehmen wollte, dafür aber Geschütze[5] gebraucht hätte, die er leider nicht hatte. Natürlich hatte ich da schon eine Idee.

Ich redete ihm ein, dicke Baumstämme so herrichten zu lassen, dass sie aussahen wie große Kanonenrohre. Die sollte er auf Karren legen lassen und möglichst viele Pferde davor spannen. Dazu müssten sie im Feld Geschützgräben ausheben und ich würde mit einem Fass und zwei Hakenbüchsen[6] so viel Krach machen, dass die Verbarrikadierten glauben würden, wir hätten schwere

Waffen dabei. Dann würden sie sicher aufgeben.

Ich versprach ihm, die ganze Blamage auf mich zu nehmen, wenn mein geiler Plan in die Hose gehen sollte.

Also ließ er drei Baumstämme herrichten, vor jeden wurden vierundzwanzig Pferde gespannt. Nachts machte ich dank der hohlen Fässer und der Gewehre so viel Krawall, dass jeder geschworen hätte, dass wir große Kanonen abgefeuert hätten.

---

5   Kanonen und so was.
6   Hakenbüchse oder Arkebuse nennt man eine bestimmte Art von Schusswaffen, sogenannte Vorderlader. Das bedeutet, dass das Schießrohr von vorne geladen wird. Also erst mal Schießpulver einfüllen, feststopfen, dann die Kugel drauf und erst dann konnte man schießen. Dauerte alles ziemlich lang, also mal eben aus der Hüfte zu schießen, ging da nicht. Hatten wir schon mal beim Ladestock in Buch 2. Ihr erinnert euch?

Und stellt euch vor, mein rotzfrecher Trick funktionierte tatsächlich. Die Stadt gab kampflos auf und ich wurde auf freien Fuß gesetzt.

Puh, das war grad noch mal gut gegangen.

4 Ich hebe einen sagenhaften Schatz und mache mir immer noch mehr Feinde.

Inzwischen war mein Knecht in Soest von den Gegnern gefangen genommen worden.

Er erzählte ihnen natürlich von meinen Heldentaten und dank meines Rufs dachten inzwischen echt viele Leute, ich könnte zaubern. Er gab auch die Story zum Besten, wie wir als Teufel den Jäger von Werle verarscht hatten. Als das diesem Jäger für Arme zu Ohren kam, machte er sich aus dem Staub Richtung Holland, weil er sich so tierisch schämte. Verständlich, wenn ihr mich fragt.

Ich kam mir vor wie der King und benahm mich auch so, ohne zu checken, dass ich allen gehörig auf den Geist ging. Die anderen Offiziere waren nämlich richtig angefressen, weil ich dahergelaufener Wicht mehr Kohle und mehr Erfolg hatte als sie.

Aber ich merkte gar nichts und dachte, das wären alles meine best buddies.

Ich bekam überhaupt nicht mit, wie die Stimmung kippte, und trieb es stattdessen immer doller.

Ich hatte ein neues Outfit, ganz in rot, wie der höchste Offizier. Auf meinem Ross sah ich aus wie der heilige Georg.

Zum dicken Ende ließ ich mir sogar ein Wappen machen wie ein Adliger. Es zeigte drei rote Masken in einem weißen Feld. In der Helmzier[7] sah man einen jungen Narren in Kalbsklamotten und Hasenohren, an denen vorne Schellen waren.

Ist klar, das war eine Anspielung auf meine Zeit als Depp von Hanau. Fand ich zu meinem Namen *Simplicissimus* ziemlich cool.

Alles in allem war ich ganz klar der Schönste und Coolste überhaupt und ging natürlich auch mit den anderen zu den Mädels. Allerdings war ich echt noch saujung und wusste gar nicht wirklich, was ich mit den Mädchen überhaupt anstellen sollte.

Ich spielte ihnen dann halt was auf meiner Laute vor, was Besseres fiel mir nicht ein. Gerade, weil ich so zurückhaltend war, fuhren die Mädels total auf mich ab und die anderen Männer waren noch neidischer auf mich.

Ich hatte echt grad kein geschicktes Händchen. Im Gegenteil.

Ich war derart begeistert von mir selbst, dass ich jeden Tag auf einem meiner zwei wunderschönen Pferde durch die Gegend scharwenzelte, weil ich mir sicher war, dass mich alle bewundern wollten. Oh Mann, das konnte auf Dauer ja gar nicht gutgehen.

---

7   So ein Wappen besteht aus mehreren Teilen. Unten ist das typische Wappenschild und oben drüber noch so Gedöns, das nennt man *Helmzier*. Da sieht man oft die abgefahrensten Sachen.

Der Hammer, oder?

Ich versteckte den Schatz aus dem Horrorkeller in meinen Klamotten und an meinem Ross (im Zaumzeug, im Sattel und so) und ritt fröhlich los.

Mir kamen ein paar Bauern entgegen, die völlig neben sich standen, als sie mich sahen. Sie hielten mich nämlich erst für ein Gespenst, das in dem alten Gemäuer wohnen sollte.

Von ihnen erfuhr ich, dass es eine alte Sage über die Ruine gäbe. Es sei ein Schatz dort vergraben, der von einem schwarzen Hund und einer bösen Jungfrau bewacht würde. Irgendwann würde ein fremder Edelmann kommen, der weder seinen Vater noch seine Mutter kennt, die Jungfrau erlösen und den Schatz heben.

»Na ja, so ähnlich war's«, dachte ich bei mir.

Ich tat aber völlig ahnungslos und sah zu, dass ich mit meinem Schatz abhaute. Ich kriegte die viele Kohle gar nicht mehr aus dem Kopf, konnte nur noch an das Geld denken und wurde immer noch eingebildeter. Ich grübelte ununterbrochen, was ich mit dem vielen Geld anfangen sollte. Adelstitel kaufen? Viehzüchter werden? Landsitz erstehen? Heiraten?

Ich konnte mich nicht entscheiden.

Und meinen Jupiter hatte ich ja auch immer noch am Hals. Er riet mir, das Geld zu verschenken. Das würde mir viele Freunde machen und ich wäre meine Sorgen los.

Er hatte ja vielleicht recht, aber ich war inzwischen viel zu geizig geworden, um die Kohle einfach so unter die Leute zu bringen.

Sogar Spring-ins-Feld meinte, ich solle das Geld besser loswerden. Ich wollte das alles nicht hören und wusste es, wie immer, besser.

Lieber gab ich mein Geld einem Kaufmann in Köln, der es für mich aufheben sollte.

Und meinen Jupiter brachte ich auch dahin, weil er dort angeblich Verwandte hatte. Wusste gar nicht, dass noch mehr römische Götter in Köln lebten.

5 Wie ich wieder in Gefangenschaft, dann wieder heraus, in einen gemütlichen Winter und zu einem neuen Hobby komme.

Kap. 14-19

Auf dem Rückweg wurden wir (wieder mal) überfallen und weil die Lage echt komplett aussichtslos war, ließ ich mich gefangen nehmen.

Ich hatte dem Cornet[8], dem ich mich ergab, unglücklicherweise gesagt, dass ich *der Jäger* bin. Blöder Fehler, denn mir eilte tatsächlich mein Ruf voraus. Menschenmassen kamen angerannt, nur um mich zu sehen. Holla, die Waldfee! Die wenigsten allerdings waren Fans, eher im Gegenteil. Ich musste echt an meinem Ruf arbeiten!

Dann wurde ich vom Regimentsschultheißen verhört. Vor allem wollte er mich über meine Truppe aushorchen (ich verriet natürlich nichts) und versuchte doch tatsächlich, mich auf seine Seite zu ziehen! Natürlich erfolglos.

Am nächsten Tag wurden alle Gefangenen gegen ein Lösegeld in unsere Garnison zurückgeschickt. Alle außer mir.

Stattdessen schickte der Kommandant den anderen ein Briefchen mit, darin stand tatsächlich:

> Was Simplicissimus, den Jäger, angeht, den behalten wir lieber, denn er hat frühe, eh schon auf unserer Seite gekämpft.

Na toll. Dabei stimmte das gar nicht!

Unter den Schweden war ich nämlich nur Pferdejunge gewesen. Den Soldateneid hatte ich dem Kaiser geschworen und ich wollte meinen Schwur halten. Das versuchte ich dem Obristen zu erklären, als der andauernd versuchte, mich abzuwerben.

Ich machte ihm klar, dass ich lieber sterben würde, als meinen Eid zu brechen! Das sah er irgendwann ein und ließ mich gegen das Versprechen frei, dass ich sechs Monate nicht gegen die Schweden oder die Hessen kämpfen würde.

O.k. Damit konnten wir beide leben. Deal.

Mein treuer Knecht kam tatsächlich mit meinem Hab und Gut (vor allem mit meinen zwei Pferden) aus Soest zu mir geritten und so konnte ich es mir in der Gefangenschaft ganz bequem machen.

Ich beschloss, die versprochenen sechs Monate dazubleiben und so einen gemütlichen Winter zu verbringen. Schlau, wie ich nun mal war, schenkte ich dem Obristen mein schönstes Pferd, auf das er ein Auge geworfen hatte, und hatte damit einen neuen Freund gewonnen. Ich Fuchs!

---

8 Das ist ein, wenn auch sehr junger, Offizier beim Militär. Kein besonders hoher Rang, deshalb ist es auch eher peinlich, dass der mich gefangen hat.

Dann beschenkte ich meinen Knecht mehr als reichlich und verabschiedete ihn, weil ich mir ja einen gemütlichen Winter machen wollte und deshalb keinen Knecht brauchte. Meine gute Tat sprach sich rum und nach und nach besserte sich mein Ruf.

Ich richtete mich ziemlich lauschig ein, machte wieder Musik, lernte komponieren und Harfe spielen, trainierte mit allen Waffen, lernte den Umgang mit verschiedenen schweren Waffen und alles, was es über Schwarzpulver zu wissen gab.

Was man halt so brauchen kann in Kriegszeiten.

Ich jagte und angelte und durfte mir immer mehr erlauben, so dass ich irgendwann anfing, durch die Wälder zu streifen und meine dort versteckten Schätze zusammenzusammeln, als ob ich für immer bei den Schweden bleiben würde.

Die Wahrsagerin aus Soest kam zu mir und bemerkte:

»Hab ich dir damals nicht gut geraten, deine Schätze im Wald zu verstecken? Wärst du zurück nach Soest gegangen, hätten dich deine Neider umgebracht! Und sei gewarnt. Sobald du dich für Frauen interessierst, werden sie dich mit Schimpf und Schande aus der Stadt jagen. Und wenn du nicht aufpasst, wird dir die Liebe der Menschen hier am Ende schaden.«

Oh Mann, immer dieses nebulöse Wischi-Waschi-Geschwafel bei den Prophezeiungen. Das konnte ich gar nicht ab. »Wenn du so viel weißt, dann sag mir doch mal klipp und klar, wer meine Eltern sind. Komm zum Punkt!«

»Also gut. Frag nach deinen Eltern, wenn dir dein Pflegevater begegnet und die Tochter deiner Milchamme am Strick führt.«

Dann ging sie lachend weg.

Super. Das war doch auch schon wieder komplett schleierhaft. Was sollte ich denn mit dieser Aussage anfangen?

Toll. Ich machte halt weiter wie bisher: Made im Speck und so. Hätte schlimmer sein können.

Die Idee, eine kleine Weiterbildung in Sachen Kriegskunst einzuschieben, war ganz o.k.

Ansonsten war ich ziemlich faul und vertrieb mir die Zeit mit Lesen.

Dabei fielen mir einige Liebesromane in die Hände und so langsam widmete ich mich doch dem Thema Frauen – und das mit der Zeit schon fast krankhaft.

Ich wurde der absolute Womanizer und alle Frauen, die ich wollte, lagen mir sofort zu Füßen. Geld hatte ich ja, war ein super Musiker, dank meines Kampftrainings ziemlich gut in Form (womit ich kompensieren konnte, dass ich nicht wirklich ein begnadeter Tänzer war) und sah natürlich fast überirdisch gut aus[9].

---

9   Bescheiden war ich sowieso.

Inzwischen war Sankt Martin und ich wurde überall in der Stadt zum Martinsgans-Essen eingeladen. Das war meine Chance, allen Frauen die Köpfe zu verdrehen.

Ich war der totale Weiberheld! Und das Beste dabei: Ich stellte mich mit Hilfe meines Pagen so clever an, dass jede der Frauen dachte, sie sei die Einzige.

Dabei hatte ich sechs Mädels gleichzeitig am Start. Bei der einen gefielen mir die schwarzen Augen, bei der nächsten die blonden Haare und so weiter. Ich fand sie auch alle ganz nett, aber keine von ihnen fand ich so ganz richtig hundertprozentig klasse.

Das trieb ich so geschickt und unauffällig, dass keine(r) was merkte. Außer dem Pfarrer, bei dem ich mir plötzlich nicht mehr so viele fromme Bücher wie vorher auslieh.

Ich kam mir vor wie der Held im Zelt, gab überall und jedem einen aus und konnte mir gar nicht vorstellen, dass es je anders sein könnte. Zumal ich immer noch Kohle ohne Ende hatte.

Ich lieh mir meinen Lesestoff immer beim stadtältesten Pfarrer[10] aus, mit dem ich mich richtig gut verstand. Als Sankt Martin und Weihnachten vorbei waren, wollte ich ihm zu Neujahr einen richtig guten Straßburger Schnaps schenken.

Zu diesem Ende besuchte ich ihn und er las tatsächlich gerade in meinem *Keuschen Joseph*[11]. Oh Mann, das war mir jetzt fast schon peinlich, dass so ein schlauer Mann in meinem Buch las.

Der Pfarrer fand es zwar gut, aber er schimpfte mit mir, weil er ziemlich sicher war, dass ich nur deshalb so gut die Liebesgeschichte von Potiphars Weib[12] erzählen konnte, weil ich selbst ein Frauenheld sei.

---

10 Ja, irgendwie konnte ich mit Pfarrern immer schon gut und sie halfen mir immer wieder aus der Patsche.

11 Das habe ich ganz vergessen, zu erzählen: Ich hab vor dieser meiner Lebensgeschichte auch schon ein anderes Buch geschrieben. Aber ihr wisst ja inzwischen, wie bescheiden ich bin. Und wenn ihr noch Lesestoff braucht, könnt ihr auch mal in meinen keuschen Joseph reinschauen (das war jetzt der Werbeblock).

12 Das ist eine Geschichte aus der Bibel. Kennt ihr vielleicht, die Josephsgeschichte. Egal, jedenfalls sah Joseph ähnlich gut aus wie ich und die Frau des Potiphar (der war Leibwächter beim Pharao) versuchte erfolglos, ihn zu verführen. Wäre ja Ehebruch gewesen. Aber die weiteren Details führen hier zu weit.

»Nein, nein, das habe ich mir natürlich alles nicht selbst ausgedacht. Niemals! Ich habe es aus anderen Büchern zusammengesucht, um mich im Schreiben zu üben!«, verteidigte ich mich mehr schlecht als recht.

»Jaja, von wegen. Ich weiß mehr über dich, als du glaubst!«

Mein Gesicht wurde eine Schattierung heller vor Schreck.

»Du bist jung, siehst gut aus und lebst in den Tag hinein. Aber sei gewarnt vor den Frauen! Ich sehe in deiner Schrift dein Talent, das du gerade verschwendest. Benutz deinen Verstand lieber zum Studieren und hör auf, in den Krieg zu ziehen. Denk an das Sprichwort: Junge Soldaten, alte Bettler.«

Ich hörte mir sein Gerede ganz scheinheilig an, dachte aber bei mir: »Du kannst mich mal, was geht dich das an?!«

Mir machte mein Leben als It-Boy grade so richtig Spaß, da interessierte mich das Gelaber eines alten Pfaffen nicht für zehn Cent.

6 Das Kapitel, in dem ich den Pfarrer beruhige, unerwartet Ehemann werde, mit meiner Braut aus dem Haus fliege und dann doch mit meinem Schwiegervater klarkomme.

Mir war klar, dass ich es mir mit dem Pfarrer nicht vergeigen durfte.

Deshalb spurtete ich gleich am nächsten Tag wieder zu ihm und erzählte ihm alles, was er hören wollte. Ich drückte ihm einen Text aufs Ohr, dass er komplett recht hätte, mir ein Ratgeber wie er schon immer gefehlt hätte und er mir unbedingt sagen sollte, auf welche Uni ich nach dem Winter gehen sollte. Schleim …

»Ich war an der Uni in Leiden, aber weil du deinem Dialekt nach eher ein Hochdeutscher[13] bist, solltest du nach Genf gehen.«

»Jesus Maria! Genf ist noch weiter von meiner Heimat weg als Leiden!«, rutschte es mir raus. Böser Fehler.

Weil ich von der heiligen Maria gesprochen hatte, hielt der evangelische Pfarrer mich jetzt für einen Katholischen (und damit für den Erzfeind) oder mindestens komplett gottlos.

Was in beiden Fällen nicht besonders gut war.

Ich versuchte, ihn zu überzeugen, dass ich ein guter Christ sei und mich einfach für keine der beiden Seiten entscheiden wollte. Oh Mann, schon war ich mitten in einer Diskussion über die *wahre Lehre*. Das hatte mir grade noch gefehlt.

---

13 Klingt heute irgendwie komisch. Das war im Vergleich zu Niederdeutschen gemeint, also ein Hochdeutscher kommt eher aus dem Süden oder der Mitte Deutschlands.

»Woher soll ich denn wissen, welche Religion die richtige ist, wenn jeder behauptet, er habe recht? Und dann gibt es ja noch viel mehr Religionen auf der Welt, die auch alle recht haben wollen? Wie soll denn da einer durchblicken?!«

Der Pfarrer wollte mich unbedingt bekehren. Das war zwar nervig, aber damit war er wenigstens von meinen Frauengeschichten abgelenkt. Ziel erreicht.

Daran könnt ihr sehen, was für ein fieser Typ ich in dieser Zeit war.

Und ich ging davon aus, dass ich mich längst aus dem Staub gemacht hatte, bevor der Pfarrer checkte, was wirklich Sache war.

Genau gegenüber meiner Unterkunft wohnte ein reformierter Obrist Leutnant mit einer richtig scharfen Tochter. O.k., sie war jetzt nicht die Liebe meines Lebens, aber ich hätte schon echt gern mit ihr angebandelt. Ich kam aber einfach nicht an sie ran und das reizte mich erst recht.

An Dreikönig kam endlich meine Chance. Ich zog alle Register und hatte endlich bei ihr und ihren Eltern einen Fuß in der Tür, obwohl es mir mit der Guten natürlich kein bisschen ernst war.

Schließlich durfte ich ihr Lautenunterricht geben. Das war die Gelegenheit, sie um den Finger zu wickeln. Was mir natürlich auch spielend gelang. Ich gab alles, hatte ihr ruck-zuck den Kopf verdreht und dabei peinlich darauf geachtet, ihr nicht die Ehe zu versprechen.

Endlich ließ sie mich in ihr Bett und … Nein, nicht, was ihr jetzt denkt. Obwohl ich alles versuchte: Charme, Flehen, Jammern, Schimpfen. Sie blieb hartnäckig.

»Vor der Hochzeit läuft gar nichts!« und dabei blieb sie.

Ich durfte neben ihr auf dem Bett liegen, das war alles. Na toll. Da schlief ich dann irgendwann ein. Und wurde gegen vier Uhr morgens ziemlich unsanft geweckt.

Dann lief ein echt schlechter Film ab: Vor dem Bett stand ihr wutschnaubender Vater mit einer Fackel in der Hand und brüllte den Knecht an. »Hol den Pfarrer!«

»Oh nein«, dachte ich. Ich soll bestimmt noch beichten, ehe er mich umbringt.

Mir war ganz schlecht vor Angst. Dann lutschte mich der Obrist Leutnant komplett rund, er drehte völlig durch.

Seine Tochter an meiner Seite heulte rum, dann kam zu allem Überfluss noch ihre Mutter und machte mich zur Minna. Der totale Horror!

Um das Maß voll zu machen, kam noch der Pfarrer dazu. Er hielt den Obristen immerhin davon ab, mich umzubringen. Ich hörte nur noch »Hals umdrehen« und »Hände in Blut baden«.

Ich schob die nackte Panik!

Der Pfarrer schlug vor, die doch recht verfahrene Situation durch eine Heirat zu lösen.

»Vogel, friss oder stirb. Es könnte eine schlechtere Frau sein«, dachte ich und schwor hoch und heilig, dass wir nichts angestellt hatten.

Zugegebenermaßen sah die Situation recht ungünstig aus.

Deshalb wurden wir, noch im Bett sitzend, von dem Pfarrer getraut und anschließend vom Brautvater hochkant aus dem Haus geschmissen. Lief mal wieder bei mir.

Immerhin hatte ich meinen Humor wiedergefunden und scherzte, zugegebenermaßen ziemlich mutig: »Hey, Schwiegervater, du machst das komplett verkehrt. Eigentlich müsstet ihr uns nach der Trauung ins Bett bringen und unter eine Decke stecken, nicht rauswerfen.«

Mein Schwiegervater fand das weniger lustig. Vollkommen humorlos.

Die Leute in meiner Unterkunft staunten nicht schlecht, als ich eine Jungfer mit heimbrachte und diese ganz entspannt mit mir in mein Schlafzimmer kam. Das war ja eher unüblich.

Zwar hatte ich den Kopf voller wirrer Gedanken, aber deshalb ließ ich mir die Hochzeitsnacht mit meiner schönen Braut nicht entgehen.

Einerseits war mir zugegebenermaßen fast recht geschehen, ich war ja ein bisschen mitschuldig. Andererseits wollte ich das mit meinem Schwiegervater unbedingt wieder einrenken. Also stand ich früh auf und ließ meinen Schwager, also den Mann der Schwester meiner Braut, rufen und bat ihn um Schützenhilfe. Danach setzte ich meinem Kommandanten ins Bild, dass bei uns die eigentliche Reihenfolge der Hochzeit ein bisschen durcheinandergeraten war.

Der Kommandant lachte sich über meine Story halb kaputt und half mir, meine Schwiegereltern bei einem großen Dinner (zu dem ich natürlich einlud) zu beruhigen. Ich belaberte sogar alle so weit, dass wir rumerzählten, unsere heimliche Hochzeit sei pure Absicht gewesen.

Mir war das im Nachhinein mehr als recht, denn wenn unsere Hochzeit wie üblich von der Kanzel verkündet worden wäre, hätten doch einige Bürgerstöchter, die ich sehr gut, äh, kannte, eventuell leicht rumgezickt.

Also unterm Strich: Gar nicht so schlecht gelaufen. Mein Schiegervater, der Kommandant und ich einigten uns darauf, dass ich wieder zu den Soldaten gehen sollte. Ich wollte aber erst schnell mein Geld aus Köln holen, was auch für alle o.k. war.

7   Meine Kohle ist dahin, ich studiere ein bisschen Medizin und lande bei einem ausgewachsenen Geizkragen.

Nach einer Flitterwoche mit meiner süßen Braut zog ich also meine Jägerklamotten wieder an und machte mich auf den Weg nach Köln. Ich kehrte bei meinem Jupiter ein, der gerade einen recht lichten Moment hatte, und wollte mein Geld holen.

Stellt euch vor, ich erfuhr, dass dieser Schwerverbrecher von einem Kaufmann bankrott war und sich mit allem, was er tragen konnte, aus dem Staub gemacht hatte.

Drecksack.

Was noch übrig war, hatte die Obrigkeit beschlagnahmt und ich kam nicht ran. Super.

Dummerweise hatte ich kaum Geld für den Köln-Trip eingesteckt, weil ich ja eigentlich sofort wieder heim wollte. Nun musste ich wohl oder übel bleiben, bis ich irgendwie an die Reste meines Vermögens kam.

Ich wollte meiner Braut Bescheid geben und um die Sache zu beschleunigen, ging ich zu einem Notar. Ich wollte ihn ein bisschen schmieren, wenn er mir half, möglichst schnell an meine Kohle zu kommen.

Während ich wartete, dass irgendwas voranging, quartierte ich mich bei dem Notar ein. Er hatte einige zahlende Gäste, die bei ihm ein Zimmer hatten und verköstigt wurden. Das war so eine Art Jugendherberge mit Rechtsberatung.

Weil ich nichts Besseres zu tun hatte, beobachtete ich die Menschen um mich herum und stellte fest, dass sie an den verschiedensten Krankheiten litten.

Ich sah Leute, die krank vor Zorn waren. Sie bekamen irgendwann die Gicht oder starben sogar bei einem Wutanfall. Manche waren krank vor Neid, andere spielsüchtig, manche süchtig nach Fressen und Saufen, wieder andere litten an akuter Faulheit. Manche waren krankhaft eingebildet. Vor allem Frauen kamen fast vor Neugier um[14], das schien ihnen angeboren zu sein.

Auch Lachen musste eine Krankheit sein, denn manche schienen sich direkt totlachen zu wollen. Dagegen brauchte man allerdings keine Medizin, weil ihnen das Lachen irgendwann von selbst wieder verging. Von Rachgier, Eifersucht, Liebeskrankheit und dergleichen, woran wirklich viele litten, will ich hier gar nicht reden.

Unser Kost-Herr, der Notar, war von krankhaftem Geiz geradezu besessen.

Er gönnte weder den Leuten, die bei ihm einquartiert waren, noch seiner eigenen Familie auch nur das Schwarze unter den Nägeln. Ihr könnt euch nicht vorstellen, welchen Müll er auf dem Markt für Spottpreise kaufte, den seine Angestellten und Familie als Essen hinunterwürgen mussten. Mir wird jetzt noch schlecht, wenn ich dran denke.

Einmal kriegte er einen Hasen geschenkt und durch einen Trick[15] schafften wir es, dass er den für uns kochen lassen und uns zu essen geben musste. Was er natürlich gar nicht wollte.

Dafür hatten wir alle zusammengehalten, um ihm so richtig eins auszuwischen und ihr könnt euch vorstellen, dass uns das Karnickel deshalb doppelt gut schmeckte.

Wir lachten uns kaputt und wenn ich noch länger bei ihm gewohnt hätte, hätten wir ihm bestimmt noch mehr Streiche gespielt.

Ende des 3. Buches.

---

14 Das klingt ziemlich frauenfeindlich. Aber in meiner Zeit dachten die Menschen wirklich, dass es sogenannte typischen *Frauensünden* gäbe. Krass. Ich weiß.

15 Der ist ein bisschen kompliziert zu erklären. Könnt ihr aber im Original nachlesen. Wie so vieles …

Viertes Buch

1 Ich werde nach Frankreich gelockt, bekomme dort einen neuen Herrn, lerne die Medizin kennen und werde ein gefeierter Star bei Hofe.

Man soll ja bekanntlich den Bogen nicht überspannen. Aber ich konnte einfach nicht widerstehen, den geizigen Kost-Herrn immer wieder abzustrafen. Ich zeigte den anderen Jungs, die bei ihm einquartiert waren, einige Tricks und dichtete schließlich noch ein Spottlied auf eine geizige Sau. Irgendwie fühlte er sich angesprochen …

Das alles fand er nicht so prickelnd und am Schluss bekam ich meine Retourkutsche von ihm. Zwei junge Adelige, die bei ihm wohnten, sollten nach Paris reisen. Dazu brauchten sie seine Pferde, die anschließend wieder nach Köln zurückgebracht werden mussten. Nun war einer seiner Knechte gerade unterwegs und dem anderen traute er nicht. Deshalb bat er mich, mit den beiden nach Paris zu gehen, weil sich in meinem Fall in den nächsten vier Wochen eh nichts bewegen würde. Er würde sich inzwischen um meine Angelegenheiten kümmern.

Die Jungs wollten mich gern dabeihaben und ich hatte auch richtig Lust auf einen Frankreich-Trip, der mich nicht mal was kosten würde. Gebongt. Ich war dabei und freute mich wie ein Schnitzel.

Kaum in Frankreich angekommen, wurde ich verknackt und die Pferde verkauft, weil mein Kost-Herr angeblich Schulden in Paris hatte. Jetzt guckte ich echt blöd aus der Wäsche.

Der hatte mich sauber verarscht. Ich saß fest und hatte keine Ahnung, wie ich die weite Strecke ohne Geld und ohne Pferde wieder zurückkommen sollte.

Na bravo. Lief ja wieder mal.

Die zwei Adligen hatten Mitleid mit mir, gaben mir ein bisschen Geld und versuchten, zu helfen. Sie gaben mir den Rat, ein paar Jahre in Paris zu bleiben und die Sprache zu lernen. Köln würde mir ja nicht weglaufen. Toll.

Weil dem einen Adligen die Reise nicht gut bekommen war, kümmerte ich mich ein paar Tage um ihn und lernte dabei den Arzt kennen, der ihn behandelte. Er hörte mich Laute spielen und heuerte mich vom Fleck weg als Musiklehrer für seine beiden Söhne an.

Der Arzt sprach fließend Deutsch, Französisch und Italienisch, deshalb blieb ich gern bei ihm. Da konnte ich mich wenigstens verständigen. Im Gespräch mit dem Arzt und den Adligen kam raus, dass unser Kost-Herr mich absichtlich hierher abgeschoben hatte, um mich loszuwerden und mich zu ärgern.

Als hätte ich es geahnt, dieser Drecksack!

Der Arzt versprach, mir in meiner Not zu helfen und, wenn möglich, auch für meine Rückreise zu sorgen.

Jetzt wurde er erst mal mein neuer Herr (schon wieder mal). Er hieß Monsigneur[1] Canard, ihm erzählte ich, ich sei ein armer, elternloser, deutscher Edelmann und ich würde gerne meinem Herrn zu Hause Bescheid sagen, wo ich abgeblieben sei.

Also schrieb ich meiner frischgebackenen Ehefrau, meinem Schwiegervater und dem Obristen, was passiert war, und versprach, so schnell wie möglich heimzukommen. Was zu dem Zeitpunkt auch wirklich meine Absicht war. Außerdem schickte ich ihnen eine Aufstellung, welche Schätze in Köln auf mich warteten, damit sie sich drum kümmern konnten.

Die Briefe schrieb ich doppelt und gab einen in die Post und einen Herrn Canard zum Verschicken. Einer davon würde hoffentlich ankommen.

Mein neuer Herr war absurd reich und bildete sich auch mordsmäßig was drauf ein, dass er tagtäglich mit Fürsten zu tun hatte. Ich stellte mich gut mit ihm und half ihm mit seinen Arzneien im Labor.

Aber ich kapierte absolut nicht, warum er seine Söhne so hart studieren und Doktoren werden ließ, statt ihnen einfach einen Adelstitel und Ämter zu kaufen.

»Wenn der Doktor zu einem Fürsten kommt, heißt es: Setzt euch nieder. Der Adelige hingegen muss stehen bleiben und den Fürsten bedienen«, erklärte er mir schlau.

»Schon, aber der Arzt hat drei Gesichter: Er ist ein Engel, wenn er zum Kranken kommt, ein Gott, wenn er ihn heilt, und ein Teufel, wenn er wieder gesund ist und der Patient ihn loswerden will«, konterte ich. »Die Begeisterung hält genau so lange, wie der Patient Schmerzen hat. Und wenn ich überlege, was ihr neulich zum Probieren in den Mund genommen habt, wird mir jetzt noch schlecht. Ihr habt die Sch**** des Fürsten abgelutscht. Da steh ich doch lieber zehn Jahre dumm rum und bediene ihn.«

Der Arzt grinste. »Das hab ich nur gemacht, damit der Fürst sieht, was ich alles für ihn auf mich nehme, und weil ich dafür ein Riesenhonorar

---

bekomme. Du willst gar nicht wissen, was ich ihm alles als Medizin zu Schlucken gebe, ohne dass er dafür Geld von mir kriegt.«

Ich merkte, dass er langsam ein bisschen angefressen war, deshalb wechselte ich das Thema.

Eines schönen Tages war der Zeremonienmeister des Königs bei meinem Herrn zu Besuch und ich sollte ein deutsches Lied zum Besten geben und dazu Laute spielen. Ich war an dem Tag eh gut drauf und erwartungsgemäß war der Zeremonienmeister hin und weg von mir.

Er habe noch nie eine solche Schönheit wie mich mit einer derart klaren Stimme und so großartiges Lautenspiel gesehen. Der Mann hatte Ahnung! Es sollte ein Theaterstück für den König im Louvre gespielt werden und wenn ich nur Französisch könnte, wäre ich dabei.

Kein Ding, das konnte ich locker auswendig lernen und so landete ich tatsächlich am nächsten Tag zur Probe im Louvre[2]. Ich kriegte Noten und Texte samt deutscher Übersetzung, damit ich dazu passend schauspielern konnte.

Was soll ich sagen? Ich war ein Naturtalent!

Selbstverständlich gab ich auch die französischen Texte mit Bravour zum Besten und bald glaubten alle, ich sei gebürtiger Franzose.

Ich lebte quasi den Orpheus, den ich darstellen sollte. Alle waren haltlos von mir begeistert. Am Premierenabend in der Oper wurde ich geschminkt und gepudert, zog ein abgefahrenes Kostüm an und gab den Orpheus, als hätte ich nie im Leben etwas anderes gemacht.

Als Euridice starb[3], spielte ich so überzeugend, dass mir selbst die Tränen kamen.

Ich war einfach unfassbar gut und alle waren komplett geflasht, was für ein Talent sie auf der Bühne erleben durften.

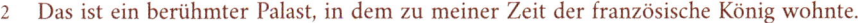

2   Das ist ein berühmter Palast, in dem zu meiner Zeit der französische König wohnte.
3   Also in der Story, die wir spielten, nicht in echt.

Nach diesem Theaterstück war ich ein Star und man gab mir den Namen *Beau Alman*[4].

Weil gerade Faschingszeit war, gab es noch mehr Theaterstücke und Balletts, in denen ich selbstredend auch mitspielen sollte. Allerdings waren die anderen Schauspieler sehr schnell ziemlich neidisch auf mich, weil die Augen sämtlicher Frauen ausschließlich an mir hingen.

2   Ich werde im Venusberg gefangen gehalten und was mir da passierte, glaubt mir vermutlich kein Mensch.

Ich wurde bei den hohen Herren und Damen über Nacht berühmt und endlich schien mein Glücksstern wieder zu leuchten. Eines Tages bekam mein Monsigneur von einem Lakaien[5] eine Nachricht zugestellt, als wir gerade in seinem Labor reverberierten[6].

Ich hatte spaßhalber bei meinem Doktor schon perlutiern, resolviern, sublimiern, coaguliern, digeriern, calciniern, filtriern und dergleichen alchemistische Techniken gelernt, damit ich ihm bei der Herstellung seiner Arzneien helfen konnte.

»Monsieur Beau Alman, diese Nachricht betrifft euch«, sagte er.

»Ein vornehmer Herr bittet darum, dass ihr seinen Sohn auf der Laute unterrichtet. Zieht euch um und geht mit dem Lakaien.«

Er gab mir etwas zu essen, weil ich lange unterwegs sein würde, und ich wunderte mich noch, dass eine der Würste ziemlich komisch schmeckte. Aber ich fühlte mich großartig nach dem Essen, ein kleines bisschen wattig im Kopf vielleicht.

Der Lakai führte mich lang in der Gegend herum, bis wir gegen Abend an ein Gartenschlösschen kamen. Eine alte adlige Dame öffnete, bat mich sehr höflich auf Deutsch herein und der Lakai verschwand wieder. Sie erklärte mir, dass eine der edelsten Damen in Paris sich unsterblich in meine unglaubliche Schönheit verliebt hätte und sofort sterben würde, wenn sie mich nicht auf der Stelle sehen dürfte. Das hört man doch gern.

Trotzdem war ich erst mal basisverwirrt und ein bisschen skeptisch. Warum dieser Aufwand mit der falschen Botschaft, dem geheimen Gartenhäuschen und so weiter? Langsam ging mir die Düse, dass hier was ganz und gar nicht stimmen konnte.

---

4   Das ist Französisch für *der schöne Deutsche*. Dass ich extrem gut aussah, wisst ihr ja schon.
5   Das ist vornehm für *Diener*.
6   Klingt cool, gell?! Das und das Folgende sind alles Fachbegriffe aus der Alchemie. Führt jetzt zu weit. Aber ihr seid sicher (zu Recht) beeindruckt, was ich alles beherrschte.

Aber die Alte, offenbar eine Landsmännin[7] von mir, beruhigte mich. Sie erklärte mir, dass meine Verehrerin inkognito bleiben wollte, angeblich, weil sie so irre vornehm sei.

Ich sollte mir eine Kappe aufsetzen, die schon bereitlag, damit ich nicht sehen konnte, wohin und zu wem ich gebracht werde. Bisschen wie beim Kidnapping, irgendwie gruselig.

Dazu gab es noch den Hinweis, dass die Dame ziemlich mächtig sei und mir ordentlich Ärger machen würde, wenn ich nicht spuren würde. Krasse Sache.

Wenn ich ihr zu Willen wäre, solle es mein Schaden nicht sein.

Wer konnte so einer Einladung widerstehen? Also gab ich mein o.k. Ich hatte ja eh keine echte Alternative.

Die Alte rief: »Jean und Pierre!«

Da erschienen zwei von oben bis unten gepanzerte Ritter, die mich an der Hand führten. Wegen der schwarzen Samtkappe sah ich gar nichts. Ich merkte, dass es durch viele Türen, über Straßenpflaster und über Treppen ging. Ich landete in einem hammermäßigen Zimmer, wo ich die Kappe abnehmen durfte. Da standen ein Bett und was zu essen für mich bereit und sogar eine Badewanne. Darin wurde ich von der Alten gebadet, das war mir echt ein bisschen peinlich. Ich war doch kein Baby mehr.

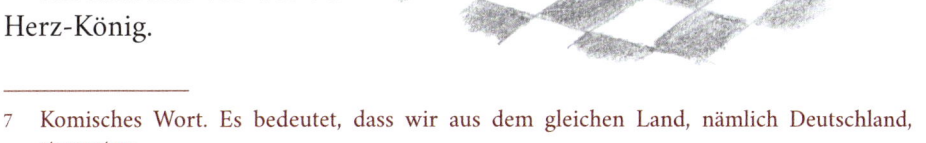

Danach roch ich wie ein Parfumgeschäft und bekam ein hauchzartes Nachthemd, einen blauen Bademantel, Seidenstrümpfe, eine perlenbestickte Schlafhaube und Pantoffeln mit Gold und Perlen.[8]

Ich kam mir vor wie der Herz-König.

---

7 Komisches Wort. Es bedeutet, dass wir aus dem gleichen Land, nämlich Deutschland, stammten.
8 Klingt ein bisschen blöd, ich weiß. War aber echt todschick, der letzte Schrei. Und ich konnte das tragen!

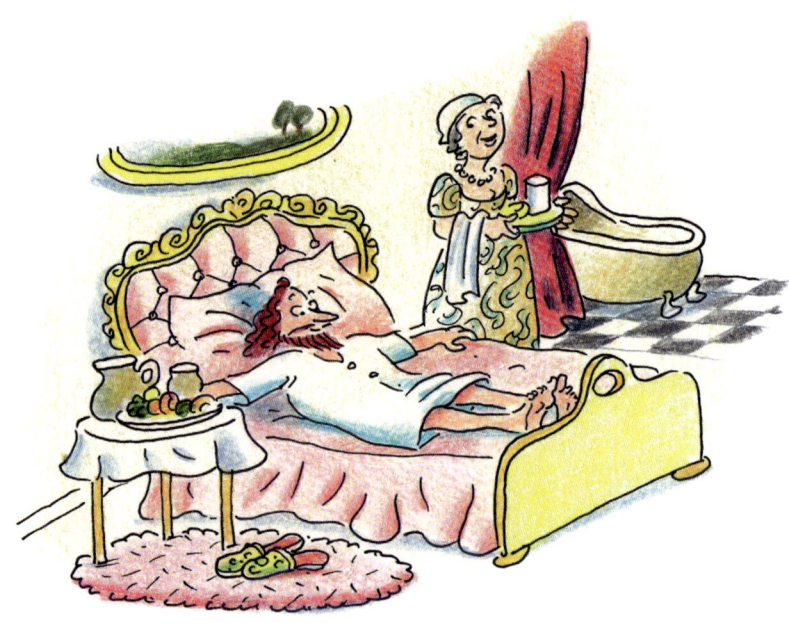

Dann sollte ich mich an den wirklich lecker gedeckten Tisch setzen, als drei extrem heiße Mädels hereinkamen. Die trugen Dekolletees[9], so was hatte ich noch nicht gesehen!

Holla, die Waldfee, da war kein Platz für Fantasie mehr.

Ich sah erst auf den zweiten Blick, dass sie ihre Gesichter maskiert hatten. Wer die Edelste von ihnen sein könnte, war mir nicht klar.

»Kannst du Französisch?«

»Nein.« Blöd, echt.

Die drei schmachteten mich an und seufzten in einer Tour. Dann standen sie auf und gingen wieder. Hä, wie jetzt?!

Ich durfte allerdings nicht gehen, sondern sollte in dem Zimmer übernachten. Dann kam der totale Hammer: Im Bett lag eine junge Frau, aber es wurden sofort alle Lichter ausgemacht. Ich sollte auf keinen Fall rauskriegen, wer sie war. Im Stockfinstern musste ich mich zu ihr legen, das Einzige, was sie auf Deutsch rausbrachte, war »Rick su mirr, mein Herrz!«

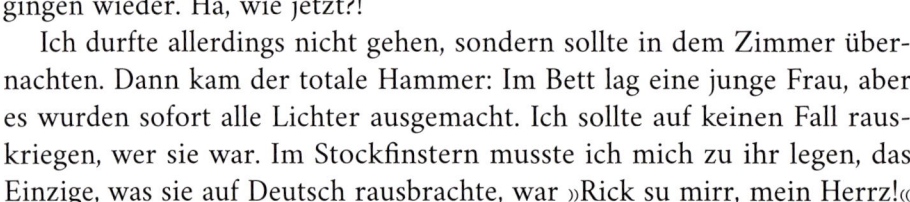

9   Das ist Französisch für einen tiefen Ausschnitt im Kleid.

Dann fing sie an, mich niederzuknutschen und machte sich über mich her. Ich dachte noch kurz an meine Ehefrau zu Hause. Aber hallo, ich war auch nur ein Mensch!

So fügte ich mich halt in mein Schicksal, das (sind wir mal ehrlich) weitaus schlimmer hätte sein können. Acht Tage und Nächte hielten sie mich dort im …, äh, wir wollen es *Venusberg*[10] nennen, gefangen.

Ich vermutete, dass die Frauen sich mit ihren Besuchen bei mir abwechselten und im Laufe dieser guten Woche war jede der vier Mädels mindestens einmal bei mir gewesen. In der ganzen Zeit schaffte ich es nicht, eine von ihnen unmaskiert zu sehen. Schon irgendwie abgefahren.

Nachdem die acht Tage rum waren, setzte man mich, zusammen mit der Alten, mit verbundenen Augen in eine geschlossene Kutsche und fuhr mich zurück zu meinem Monsigneur. Dazu bekam ich noch 200 Pistolen[11] geschenkt.

Später kamen noch mehr *Kundinnen* zu mir, die sich über mich hermachten, bis ich irgendwann einfach nicht mehr konnte. Ich musste damit aufhören. Das haute auf Dauer den stärksten Mann aus den Socken.

3 Aus einem reichen Schönling wird ein potthässlicher Bettler, der sich dann als Quacksalber durchschlägt.

Kap. 6-8

Ich verdiente so irre viel Geld und konnte langsam verstehen, dass es viele Frauen gab, die auf diese Art und Weise ihren Lebensunterhalt bestritten.

Aber ich hatte Angst, irgendwann dabei erwischt zu werden. Das wäre mir dann doch irgendwie peinlich gewesen. Und ich wollte wieder heim nach Deutschland.

Außerdem schrieb mir mein Kommandant von zu Hause, dass sie den Kölner Kaufmann erwischt hätten und er mir nur noch bis zum Frühjahr eine Stelle in seinem Regiment freihalten konnte.

Gleichzeitig traf noch ein Brief meiner Frau ein, die mich bat, heimzukommen. Gut, dass sie nicht ahnte, was ich für ein Lotterleben geführt hatte.

Ich nutzte die Chance, heimlich mit ein paar deutschen Offizieren abzuhauen, weil ich ahnte, dass Monsigneur Canard mich nicht freiwillig gehen lassen würde.

Die Würste, die er mir täglich zu essen gab, hatten ja auf einmal einen komischen Beigeschmack gehabt. Und tatsächlich wurde mir, kaum dass wir zwei Tage unterwegs waren, unglaublich schlecht. Mir ging es richtig dreckig und meine sauberen Kameraden ließen mich einfach liegen.

---

10 Nach der römischen Göttin, die für Schönheit und Liebe zuständig ist.
11 Eine Pistole ist eine schwere Goldmünze. Also ich wurde für meine Dienste von den Damen ziemlich gut bezahlt.

Mein kalter Entzug war entsetzlich (ich wusste ja nicht mal, was er mir da ins Essen gemischt hatte). Ich lag ein paar Tage im Delirium und hatte Hallus[12], es war die Hölle.

Man holte den Pfarrer, der mich zur Ader ließ und das half tatsächlich.

Als ich wieder zu mir kam, merkte ich, dass alles geklaut worden war, was ich bei mir getragen hatte. Wie mies war das denn?!

Zu allem Überfluss hatte ich Pusteln am ganzen Körper und fühlte mich hundeelend.

Ich war überzeugt, dass ich mir die *Französische Krankheit*[13] eingefangen hatte. Na super.

Aber dann kam raus, dass in dem Dorf allein fünfzig Kinder die Windpocken hatten.

Glück im Unglück.

Ich verscherbelte alles, was ich hatte, sogar mein Pferd, um mein Quartier und mein Essen zu bezahlen, bis die blöden Windpocken endlich besser wurden.

Und als ob ich für alle meine Sünden auf einmal bestraft werden sollte, bekam ich von den Windpocken solche Narben im Gesicht, dass ich hässlich wie die Nacht wurde.

Meine Haare sahen aus wie Sauborsten, dass ich mir gleich eine Perücke kaufte. Ich bekam Triefaugen wie ein alter Mann und meine schöne Stimme war auch dahin.

Das war der Supergau! Allein, arm und hässlich in einem fremden Land, dessen Sprache ich nicht mal konnte.

Und auf die Straße gesetzt wurde ich auch noch, weil mein Geld alle war. Na großartig.

Der Apotheker machte mir Mut, dass sich meine abartige Hässlichkeit in ein paar Tagen wieder bessern würde. Na hoffentlich!

Auf dem Markt beobachtete ich einen Zahnreißer, der brachte mich auf die Idee, mit dem Wissen, das ich von Monsigneur Canard hatte, etwas anzufangen. Ich hatte einen neuen Plan, schließlich war ich jetzt zwar hässlich, aber nicht blöd.

Ein einziger Diamantring war mir noch geblieben, dafür kaufte ich mir das Allernötigste, ganz wie ihr es auf den folgenden Bildern sehen könnt:

---

12 Ich war wie in einem Traumzustand, geistig völlig verwirrt und hatte Halluzinationen, sah also Sachen, die gar nicht da waren. Rosa Elefanten etc.
13 In eurer Zeit kennt man das als die *Syphilis*. Nicht schön, glaubt mir. Geht aufs Hirn.

Ich hatte kein Geld mehr und mein Magen war unersättlich. Da beschloss ich, Arzt zu werden

In einer Apotheke kaufte ich allerlei Zutaten.

Die mixte ich zusammen und füllte das Zeug in Gläser und Flaschen

um es auf dem Dorfplatz den Bauersleuten

als Wundermedizin zu verkaufen.

Eine gefangene Kröte benutzte ich als Beweis für die Wirksamkeit meiner Medizin. Das Wasser, das ich mit meinem Wundermittel präparierte, war aber...

...in Wahrheit Branntwein, was die Kröte natürlich nicht überlebte

Die Bauern aber kauften meine Medizin. Und ich war reich.

Ihr fragt euch, wie das ging? Ganz einfach.

Den Leuten erzählte ich, dass die hässliche, fiese Kröte für die Krankheiten steht, und die konnte in dem Wasser mit meiner Wundermedizin (das ja in Wirklichkeit Schnaps war) nicht überleben. Also konnte, wer meine Medizin trank, nicht krank werden. Verstanden?!

Außerdem mixte ich aus Kräutern, Wurzeln und Ölen eine Wundsalbe und aus Kieselsteinen, Krebsaugen und diversen anderen Zutaten bastelte ich Zahnbleichpulver.

Mein absoluter Verkaufsschlager war das Wundermittel, die Giftlatwerge: mein Theriak[14].

Der Plan war, als Quacksalber durchs Elsass Richtung Straßburg zu wandern und dort ein Schiff zu finden, das mich über den Rhein zurück nach Köln brachte, um dann endlich zu meiner Frau zurückzukommen.

Der Plan war gut. Aber ihr ahnt es vielleicht schon. Ganz so glatt lief es nicht.

4   Ich gehe unfreiwillig baden und versinke trotz meiner Beinahe-Rettung in Abschaum und Elend, aus dem ich schließlich gerettet werde.

In Lothringen waren meine Waren ausverkauft und ich brauchte einen Alternativplan.

Also färbte ich Schnaps mit Safran gelb und verkaufte ihn als *Güldenwasser*, das gegen Fieber helfen sollte. Ideen hatte ich ja!

Unglücklicherweise wurde ich bei Wegelnburg[15] von Soldaten gefangen (das nervte langsam dermaßen) und nach Philippsburg verschleppt. Sie nahmen mir alles weg, was ich so mühevoll ergaunert hatte. Ich erzählte ihnen ganz ehrlich, wer ich war. Da zwangen sie mich, wieder Soldat zu werden, und ich musste ein Musketier sein.

Ob ich wollte oder nicht. Und ich wollte nicht.

Bei der Truppe gab es kaum was zu beißen und in der Not nahmen sich manche eine Frau, damit sie ihnen mit Waschen, Nähen, Tabak- oder Schnapshandel und Ähnlichem was zu essen auf den Tisch brachten.

Aber ich wollte das nicht, außerdem hatte ich schon eine Frau.

Schließlich durfte ich vor der Festung Hasen jagen und bekam damit wenigstens was zwischen die Zähne.

---

14 Theriak galt bei uns als Wundermittel. Zwischen 60 und 300 Zutaten wurden da zu einer marmeladenartigen Pampe zusammengebraut. Unter anderem gehörte Schlangenfleisch dazu (schauder). Mein Theriak war da relativ harmlos und wenn man fest genug dran glaubte, half der echt richtig gut!

15 Das liegt in Lothringen in der Nähe von Wissembourg (Weißenberg).

Einmal musste ich mit, ein Rheinschiff überfallen. Und natürlich kenterte unsere Nussschale. War ja eigentlich klar. Ich fiel ins Wasser, wurde von den Strudeln des Rheins mitgerissen und schaffte es mit knapper Not, kurz vor Straßburg auf einen wackligen Baumstamm, der im Rhein dümpelte.

In nackter Todesangst schwor ich, mich zu bessern und kein verbrecherisches Soldatenleben mehr zu führen. Und ich meinte es in diesem Moment bitter ernst, glaubt mir.

Ich schmiss sogar meine Munition ins Wasser und versprach hoch und heilig, wieder ein Einsiedler zu werden und alle meine Sünden zu büßen. Ich hätte in dem Moment alles geschworen.

Tatsächlich wurde ich von einem Schiff gerettet.

Als ich in Straßburg von Bord ging, erkannte ich in einem jungen Kaufmann den Cornet wieder, der mich mal gefangen genommen hatte. Ihr erinnert euch?

Wir begrüßten uns wie alte Freunde und ich erzählte ihm die verrückte Geschichte, die mir passiert war.

Ich ließ nur die Details vom Venusberg aus, nicht, dass er aus Versehen meiner Frau davon erzählen würde. Denn er kannte sie und wusste sogar, dass sie bei seiner Abreise noch ganz ordentlich Kohle gehabt hatte.

Er lieh mir ein bisschen Geld und ich machte mich zurecht wie ein Kaufmannsgehilfe mit dem Plan, nach Hause zu reisen.

Aber war das denn die Möglichkeit? Unterwegs erwischten mich die Philippsburger Soldaten und nahmen mich wieder als Musketier mit.

Einfach ätzend, das hing mir langsam echt zum Hals raus!

Jetzt war mir alles egal, es ging ja doch alles schief – und ich hauste und wütete wie der letzte Abschaum.

Der Regiments-Kaplan biss sich an mir die Zähne aus und ich trieb es jeden Tag schlimmer, ihr könnt es euch nicht vorstellen. Ich war ein richtig mieser Verbrecher.

Dann sah ich zufällig in unserer Festung meinen alten Freund Herzbruder wieder. Weil ich Angst hatte, dass er mich in meinem schlimmen Zustand gar nicht erkennen oder noch schlimmer, sich für mich schämen würde, schickte ich ihm einen Brief:

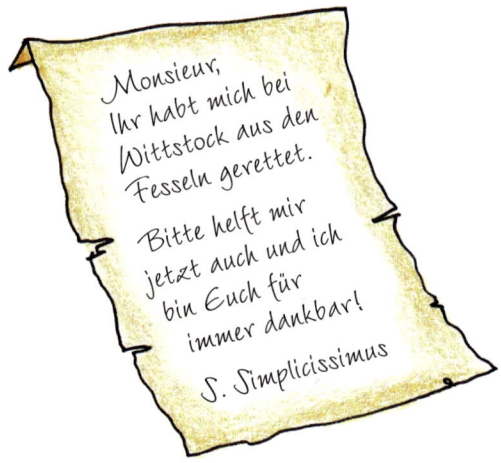

Monsieur,
Ihr habt mich bei Wittstock aus den Fesseln gerettet.

Bitte helft mir jetzt auch und ich bin Euch für immer dankbar!

S. Simplicissimus

Erst erkannte er mich nicht[16], aber dann wollte er wissen, was mir alles passiert war. Er kaufte mir anständige Klamotten und bat den Obristen, mich ziehen zu lassen.

Der war richtiggehend froh, dass ich freiwillig ging, denn ich war für die Garnison der blanke Horror gewesen.

Der Obrist war so happy, mich endlich los zu sein, dass er mir sogar ein Pferd schenkte.

Kap. 13-16

5   Ich werde ein Merode-Bruder, wieder weimarisch entführt, entlassen und gerate an einen alten Bekannten.

Unterwegs machten Herzbruder und ich aus, dass ich mich als sein Cousin ausgeben würde. Er wollte mich im Neuneckschen Regiment unterbringen, bis ich vielleicht irgendwann eine Offiziersstelle kriegen könnte.

Also wurde ich quasi über Nacht wieder anständig, kriegte in diesem Sommer aber nicht wesentlich mehr gebacken, als im Schwarzwald ein paar Kühe klauen zu helfen und das Elsass und das Breisgau kennenzulernen.

---

16   Kein Wunder, ich sah ja ganz schön mitgenommen aus.

Nach meinem Frankreichabenteuer wurde ich durch verschiedene Umstände und Zufälle wieder ein halbwegs brauchbarer Soldat. Allerdings hatte ich die dumme Idee, mich den Marode-Brüdern anzuschließen, einem unsäglichen Haufen ziemlich übler Gestalten.

Die waren vor allem Profis im Rauben, Plündern und Brandschatzen. Leider machte ich da eine Weile mit. Ich hätte es mir denken können: Bei einem der Raubzüge wurde ich erwischt und in Ketten gelegt.

Dumm gelaufen!

Aber wenigstens landete ich nicht im Knast oder gar mit einem Strick um den Hals- am nächsten Baum. Denn weil im Krieg Soldaten immer gebraucht werden, kam ich bei einem Oberst ins Regiment. Das war...

...jetzt auch nicht gerade mein Traumjob und bei der nächst passenden Gelegenheit machte ich mich still und leise vom Acker.

Kurz vor Weihnachten wurde ich auf einem einsamen Weg plötzlich beschossen

Gleich darauf stürzte sich ein riesiger Kerl auf mich und schwang ein gewaltiges Schwert.

Wir kämpften...
...auf Leben und Tod...

Bruder, ich ergebe mich.

....nach zwei Stunden hatte keiner gewonnen, aber wir waren völlig fertig! Der Name von dem Typ: Olivier.

Ich war ein richtiger Pechvogel, wirklich.

Von den *Merode-Brüdern* habt ihr sicher noch nie gehört, denn ich glaub, über die hat noch nie jemand was geschrieben. Merode-Brüder nannte man alle, die krank oder gesund, verwundet oder nicht, neben der Marschordnung daherzockelten. Es sind Jammergestalten, die im Dunstkreis der Armee reisen, halbseiden und immer am Plündern und Klauen. Sie sind nicht strukturiert, haben keine Ordnung, kein System, keinen Anführer und sehen nur ihren eigenen Vorteil. Aber das nur am Rande.

Bei der Prügelei mit Olivier passierte etwas ganz Seltsames: Der Kerl war scheinbar unverwundbar, denn als ich auf ihn schoss, prallte die Kugel an seiner Stirn ab und er trug nur eine Beule davon. Echt jetzt? Das war spooky! Und haltet euch fest, mein Gegner war tatsächlich der Olivier, den ich aus Magdeburg kannte. Er war auch völlig von den Socken und hielt mich für seinen neuen, besten Freund, weil er sich an die Prophezeiung des alten Herzbruders erinnerte, dass ich seinen Tod rächen sollte.

Olivier lebte in einer Bauernhütte und hielt sich mit Raub und Diebstahl über Wasser.

»Du lebst ganz schön gefährlich!«, konnte ich mir einen Kommentar nicht verkneifen.

Aber er meinte ganz locker:

»Ich übe eine sehr edle Kunst aus, denn ich mach's genau wie die Adeligen. Die nehmen sich auch gegenseitig mit Gewalt ihre Reiche weg, überfallen und beklauen sich. Raub und Diebstahl sind allerdings ein Handwerk, das nur die Edlen und Vornehmen ungestraft treiben dürfen. Oder hast du schon mal erlebt, dass ein Vornehmer deswegen angeklagt oder sogar bestraft worden wäre? Das passiert nur den armen Schluckern. Die werden wegen Diebstahl gehängt.«

Es war chancenlos, mit ihm zu diskutieren, denn er hatte einfach keinen Bock, einzusehen, dass das natürlich gar nicht ging.

Kap. 17–21

6   Eine Prophezeiung wird wahr und Olivier führt ein verbrecherisches Leben.

»Du hast zwar die Narrenkappe ausgezogen, du bist aber immer noch ein Depp«, meinte Olivier beim Abendessen.

»Wenn ich nicht wüsste, dass du meinen Tod rächen wirst, würde ich dich mit ganz anderen Mitteln von meiner Wahrheit überzeugen.«

Olivier war nämlich felsenfest davon überzeugt, dass der alte Herzbruder ein Hellseher gewesen war. Zumal ein Teil der Weissagung schon wahr geworden war. Denn wie vorhergesagt, hatte ich Olivier im Kampf sein Leben geschenkt.

Na ja. Das konnte man so sehen, wenn man wollte.

Denn genau genommen waren wir einfach gleich stark gewesen.

Jedenfalls hielt er mich jetzt für seinen besten Freund, aber das war eher einseitig. Ich hielt ihn nach wie vor für einen gefährlichen Verbrecher und einen miesen Drecksack.

Ich tat aber so, als würde ich gern bei ihm bleiben, weil es mir sicherer erschien.

Er organisierte mir neue Klamotten und ich ließ ihn reden. Weil ich keine Lust hatte, ihm was über mich zu verraten, drückte Olivier mir seinen Lebenslauf aufs Ohr.

»Mein Vater stammte aus der Nähe von Aachen. Er arbeitete bei einem Kaufmann, heiratete nach dessen Tod seine Tochter und so kam ich als Erbe eines reichen Mannes zur Welt. Schon als Kind war ich rotzfrech und hatte nur Mist im Kopf.

Ich trieb es richtig übel, aber meine Eltern nahmen mich immer in Schutz.

Wegen meines reichen Papas kam ich mit allen Verbrechen ungestraft durch. Das war eine geile Zeit! Dann ging ich mit einem Lehrer nach Lüttich und dort ließen wir so richtig sie Sau raus, denn der Typ war noch schlimmer drauf als ich. Statt zu studieren, lernte ich saufen, spielen, raufen und den Weibern nachrennen.« Das glaubte ich ihm aufs Wort.

»Das ging ungefähr anderthalb Jahre gut, bis mein Vater unglücklicherweise Wind von meinem Treiben kriegte. Dann wurde blöderweise mein Lehrer-Saufkumpel erstochen, ich festgenommen und unter Strafandrohung heimbeordert.

Meine Alten waren stinksauer.«

Das konnte ich mir vorstellen! Aber er war gar nicht zu bremsen und quatschte immer weiter.

»Wir kriegten uns so in die Wolle, dass ich abhaute und schließlich als Soldat anheuerte. Ich wollte schnell einen besseren Job, da kam mir der blöde Herzbruder in die Quere.

Um ihn loszuwerden, ließ ich mich vom Profoss unverwundbar machen. Dann wollte ich ihn umbringen. Weil das nicht klappte, klaute ich den goldenen Becher und schob ihn Herzbruder unter, damit der rausflog und ich den Job bekam. Was ja auch super funktioniert hat.«

Ihr könnt euch nicht vorstellen, wie mir der Hals schwoll, als dieser Drecksack noch damit angab, dass er meinen allerbesten Freund, meinen BFF quasi, so mies reingelegt hatte. Ich hätte ihm am liebsten die Gurgel umgedreht, aber ich musste ja cool bleiben, damit er nichts merkte.

Drum fragte ich scheinheilig, was er nach der Schlacht von Wittstock so getrieben hätte. Erst mal Informationen sammeln.

»Ich kämpfte als Soldat und metzelte alles nieder, weil ich ja unverwundbar und so fest wie Eisen war. Trotzdem gewannen bekanntlich die Schweden und ich wurde gefangen genommen. Ich kämpfte weiter unfair, betrog, raubte, mordete und kam schließlich nach Werle.

Da hörte ich von einem *Jäger in Soest*, den ich kopierte und als *Jäger von Werle* mein Unwesen trieb. Ich klaute alles, was ich kriegen konnte. Aber der andere Jäger lockte mich zusammen mit zwei leibhaftigen Teufeln in eine Falle und blamierte mich bis auf die Knochen.«

Ups. Dazu hätte ich ihm was erzählen können. Da kannte ich eine andere Perspektive.

»Als sich meine Blamage rumsprach, haute ich ab nach Holland«, laberte er weiter.

»Nachdem ich dort ein Mädchen vergewaltigt hatte, konnte ich da auch nicht mehr bleiben und landete bei den Merode-Brüdern. Nach der Schlacht von Wittenweier haute ich da ab und lebe seither, wie du mich getroffen hast, in der Bauernhütte im Wald, geh plündern und überfalle Leute.

Aber jetzt musst du mir deinen Lebenslauf erzählen.«

7 Ich kann die Zufälle kaum glauben, vier kämpfen wie Hund und Katz und die Weissagung wird wahr.

Ich war völlig von den Socken nach der Story.

Also, Zufälle gab's, das gab's doch eigentlich gar nicht!

Offensichtlich hatte der Idiot nicht gecheckt, dass ich damals der Jäger von Soest gewesen war. Glück gehabt.

Auch wenn ich mittlerweile die Prophezeiung des alten Herzbruders in Teilen glaubte, konnte ich mir absolut nicht vorstellen, unter welchen Umständen ich diesen miesen Verbrecher rächen sollte. Und warum? Jetzt war ich doppelt froh, dass ich nicht zuerst mein Leben erzählt hatte.

Holla, die Waldfee, das wäre ins Auge gegangen.

Mich interessierte aber noch, woher er die vielen Narben im Gesicht hatte. Ich vermutete, das wären die Andenken des als Teufel verkleideten Spring-ins-Feld, der dem Olivier damals das Gesicht zerkratzt hatte.

Aber nein, die Story war viel besser.

»Ich musste eine Katze umbringen[17]«, erzählte Olivier ganz entspannt, »und wollte meinen Spaß dabei haben. Also steckte ich sie in einen Sack,

---

17 Ja, ich weiß. Aber die Gründe dafür führen an dieser Stelle zu weit. Wenn ihr es genauer wissen wollt, könnt ihr ja in meiner Originalgeschichte nachlesen. Nur so viel: Es hat natürlich wieder mit einer Frauengeschichte zu tun.

nahm zwei Hunde mit und ging auf ein leeres Feld, damit die Hunde sie zu Tode hetzen könnten und sie sich nirgends verstecken konnte. Aber als ich die Katze aus dem Sack ließ, rettete das blöde Vieh sich auf meinen Kopf und krallte sich voller Panik in meinem Gesicht fest.«

Wie blöd konnte man eigentlich sein?! Ich hörte ihm weiter zu.

»Die Hunde drehten durch und wollten unbedingt die Katze fangen, so war ich zwischen die Fronten geraten. Von unten zerrten, bissen und kratzen die Hunde an mir, weil sie an die Katz auf meinem Kopf wollten und oben tat die Dreckskatze dasselbe, weil sie das eben nicht wollte.

Am Schluss warf ich mich auf den Boden, da erwischten die Hunde die Katze und ich erschoss die Hunde. Ich blutete wie ein Tier und hab bis heute den ganzen Kopf voller Narben.«

Nicht eben seine schlauste Idee – und der Kerl ist an sich schon nicht die hellste Kerze auf der Torte, dachte ich bei mir. Ich gab mir alle Mühe, mir das Lachen zu verbeißen. Denn er fand seine Geschichte kein bisschen lustig. Ich schon.

Als ich gerade mit meiner Lebensgeschichte anfangen wollte, kam eine Kutsche, die wir gleich überfielen. Ich konnte Olivier nur mit Mühe davon abhalten, die Insassen umzubringen. Der Dreckskerl hätte keine Skrupel gehabt, die Frauen und unschuldigen Kinder abzuschlachten, die stocksteif vor Angst in der Kutsche saßen.

Ich wollte echt nur noch weg, aber ich traute mich nicht, einfach abzuhauen, weil er mich dann ganz sicher über den Haufen geschossen hätte. Der Kerl war wirklich krank.

Ich überlegte: »Wenn ich zu Fuß abhaue, muss ich wegen der Schwarzwälder Bauern aufpassen, die angeblich den Soldaten gern heftig eine auf die Mütze geben. Reite ich weg und nehme alle Pferde mit, damit Olivier mir nicht nach kann, halten mich alle für einen Mörder und Pferdedieb.«

Mann, die Lage war echt verfahren. Und dann meldete sich zu allem Überfluss auch noch mein Gewissen. War das jetzt nötig?!

Beim Essen zeigte mir Olivier, der mich ja für seinen besten Freund hielt, dass er sich einige Rollen, prall gefüllt mit Goldmünzen, unter den Klamotten um den Oberkörper gewickelt hatte (so ähnlich wie ich früher meine Eselsohren-Armbänder). Irre, wie viel Geld der mit sich rum-schleppte. Das war nicht nur schwer, sondern auch noch unbequem.

Ich bot ihm an, die Münzen in seine Klamotten einzunähen, wie ich das früher auch schon öfter gemacht hatte, und so schneiderte ich für ihn und mich je einen Überwurf, der innen komplett mit Münzen gespickt war. So hatten wir quasi einen goldenen Brustpanzer.

Außerdem hatte er noch jede Menge Silbermünzen in einem Baum ver-steckt (er liebte es, Dinge in Bäumen zu verstecken) von denen der Bauer, bei dem wir wohnten, unser Essen etc. bezahlte.

Just in dieser Nacht überraschten uns komplett unerwartet sechs Mus-ketiere und ein Korporal. Natürlich wehrten wir uns mit Zähnen und Klauen.

Wir schossen und prügelten mit unseren Waffen, das totale Choas. Ein Musketier schlug Olivier blitzartig den Schädel ein und ich erschlug den Musketier wie im Reflex.

Das Ganze passierte rasend schnell und in wenigen Minuten waren sieben Soldaten mausetot, einer abgehauen und ich stand mutterseelenal-lein irgendwie als Sieger da.

Olivier war Geschichte und ich hatte wirklich, wenn auch in reiner Notwehr, seinen Tod gerächt. Unglaublich.

Ich wollte nicht so viel Geld sinnlos bei einem Toten lassen, also nahm ich Oliviers goldgefüllten Überwurf an mich. Muskete und Schwert brauchte er ja auch nicht mehr, und so machte mich schnell vom Acker.

Kap. 25

8 Wiedervereinigung mit dem unglücklichen Herzbruder und Ende des 4. Buches.

Unterwegs fing ich den Bauern ab, in dessen Hütte Olivier und ich gehaust hatten. Da dämmerte es mir. Der Mistkerl hatte uns an die Musketiere ver-raten, damit er an Oliviers Silbermünzen-Baum kam.

Ich gab ihm drei Möglichkeiten zur Auswahl:
1. Zeig mir den Weg nach Villingen, dann kannst du die Silbermün-zen behalten.
2. Zeig mir die Münzen und wir machen fifty-fifty.
3. Wenn dir erstens und zweitens nicht gefallen, erschieß ich dich.

Er entschied sich (wer hätte das gedacht) für Nummer eins.

Einen Tag und einen langen Fußmarsch später war ich in Villingen.

Ich beichtete dem Kommandanten meine Verbrechen und erzählte alles, was mir in den letzten zwei Wochen passiert war. Nur die Geschichte von meiner Frau und den goldgefütterten Überwürfen ließ ich lieber erst mal weg.

Er wollte mir erst nicht glauben, dass wir zu zweit sechs Mann plattgemacht hatten. Um gut Wetter zu machen, schenkte ich ihm Oliviers
Schwert, das ihm extrem gut gefiel. Kein Wunder, es war ein ewigwähren-
der Kalender in die schöne Klinge eingraviert und ich war ziemlich sicher,
dass Vulkanus selbst es geschmiedet und verziert hatte.

Wie auch immer, jedenfalls glaubte mir der Kommandant jetzt, ließ
mich gehen und mir zusätzlich einen Passierschein[18] ausstellen.

Weil ich vor Hunger eine halbe Sau mit Soße hätte essen können, ging ich
in die nächste Kneipe und bestellte mir ordentlich zu essen und zu trinken.
Da kam ein Bettler reingehinkt, der
sah richtig übel aus. Er ging am Stock,
hatte einen Kopfverband und einen
Arm in der Schlinge und die
Beschreibung seines Geruchs will
ich euch ersparen. Er tat mir
wirklich leid und als er mit
seiner Bettelschale an meinen
lecker gedeckten Tisch kam
sagte er:

»Um Herzbruders Willen,
gebt mir bitte auch zu essen.«

Ja, war das denn zu
fassen? Der abgeranzte
Bettler war tatsächlich mein
Freund Herzbruder! Erst fiel ich
fast um, dann ihm um den Hals und dann flennten wir beide rum, so
happy waren wir, dass wir uns wiedergefunden hatten.

Wir waren so von den Socken, dass wir erst gar nichts essen konnten.

Ich buchte uns ein Zimmer in der Kneipe, ließ den besten Arzt kommen
und organisierte frische Klamotten für Herzbruder. Als wir dann endlich
allein im Zimmer saßen, erzählte er mir, warum er so viel Pech gehabt hatte.

Denn als ich ihn das letzte Mal gesehen hatte, ging es ihm ja so richtig gut!

Er erzählte: »Bruder, du weißt, dass der General Götz und ich richtig
dicke waren. Nachdem das mit Wittenweier und Breisach ziemlich in die
Hose ging, wurde der General nach Wien zitiert und ich schämte mich
natürlich in Grund und Boden – und mir ging auch ein bisschen die Düse.
Es schien schlauer, abzutauchen, bis der General diese unschöne Situation
klargestellt hatte.

---

18 Das war ein Pass, der mir erlauben sollte, unbehelligt zu reisen. Jedenfalls in der Theorie.

Beim Sturm auf Breisach kämpfte ich in der ersten Reihe und bekam blöderweise einen Schuss in den Arm und einen ins Bein. Dann haute mir noch einer auf die Rübe und ich wurde in den Rhein geworfen, weil sie mich für tot hielten.

War ich aber nicht, sondern wurde ans Ufer gespült und landete bei ein paar Merode-Brüdern, die mir halfen. Ich schlug mich mehr schlecht als recht durch. Heute Morgen bei der Frühmesse hab ich dich vorm Quartier des Kommandanten stehen sehen und dachte, ich träume.«

Ich tröstete meinen Freund Herzbruder und verriet ihm, dass ich ziemlich viel Kohle bei mir hatte. Dann erzählte ich ihm noch die Story von seinem Feind Olivier, von dessen Ende und wie die Prophezeiung seines Vaters wahr geworden war. War ja echt eine krasse Geschichte.

Mit Herzbruder ging es danach schlagartig steil bergauf. Kein Wunder bei so vielen guten Nachrichten.

Ende des 4. Buches.

Das fünfte Buch

1   Ich werde Erbsenpilger, dank eines bösen Geistes bis zur Bekehrung erschreckt und lande in Wien.

Als mein Herzbruder wieder einigermaßen fit war, erzählte er mir, dass er in seinem tiefsten Elend geschworen hatte, nach Einsiedeln[1] zu pilgern.

Wir waren eh grad in der Nähe der Schweizer Grenze, also war es im Wortsinne naheliegend, das jetzt zu machen. Ich wollte gleich Pferde für uns kaufen, weil ich schon länger mal zu den Eidgenossen wollte. Dort herrschte nämlich immer noch Frieden.[2]

Aber Herzbruder wollte ernsthaft lieber allein, zu Fuß und auf Erbsen laufen. Fragt nicht.

Irgendwann kapierte ich, dass er ein Problem mit meinem Lebenswandel und Oliviers dreckigem Geld hatte.

Also tat ich das einzig Richtige: Ich log ihn an, dass sich die Balken bogen.

Ich erzählte ihm, ich wolle auch pilgern, weil ich meine Sünden so furchtbar bereuen würde. Und ich redete ihm sogar ein, dass ich mir auch Erbsen in die Schuhe tun würde, um ordentlich zu büßen. Ich konnte richtig überzeugend sein!

Wir schlichen uns unter Vortäuschung falscher Tatsachen aus dem Lager und kauften uns in einem kleinen Ort direkt hinter der Schweizer Grenze das Standard-Pilger-Outfit:

Lange Gewänder, Rosenkränze und Pilgerstäbe.

---

1   Einsiedeln ist ein Wallfahrtsort in der Schweiz und liegt auf dem Jakobsweg, also auf dem Weg nach Santiago de Compostela (in Spanien), einem der allerwichtigsten Wallfahrtsorte in meiner Zeit.
2   Die Schweiz ist ja bekanntlich neutral. Und das schon ziemlich lange. Jedenfalls haben sich die Eidgenossen aus dem dreißigjährigen Krieg weitestgehend rauszuhalten versucht. Hat aber nicht ganz geklappt.

Mein lieber Freund Herzbruder wollte sich von den Strapazen des Krieges erholen, Buße tun und eine Wallfahrt ins Kloster Einsiedeln in der Schweiz machen. Ich fand die Idee gut und bot ihm meine Gesellschaft an.

Was war die Schweiz doch für ein friedliches Land! Nirgendwo Angst und Furcht vor dem Feind. Auf den Straßen waren die Reisenden sicher unterwegs. Niemand mußte befürchten, sein Hab und Gut oder gar sein Leben zu verlieren. Ich kam mir beinahe vor wie im Paradies.

Herzbruder aber war böse auf mich

Das ist eine Wallfahrt, keine Vergnügungsreise!

Wir wollen Buße tun und unsere Sünden bereuen!

Äh, ich hab' die Erbsen vorher gekocht.

Deswegen haben wir uns auch Erbsen in die Stiefel getan, um die Reise noch beschwerlicher zu machen

Von da an sprach Herzbruder kein Wort mehr mit mir.

O.k., wenn ich so drüber nachdenke, kann ich fast ein bisschen verstehen, dass er sich verarscht fühlte.

Er drohte ernsthaft, mir die Freundschaft zu kündigen, wenn ich mich nicht sofort bessern würde. Ab da trottete ich hinter ihm her wie ein begossener Pudel und hatte wirklich und ehrlich ein richtig schlechtes Gewissen. So erreichten wir Einsiedeln.

In der Kirche wurde gerade ein Besessener exorziert[3], kein Witz. Das wollte ich mir verständlicherweise genauer anschauen.

Was dann passierte, könnt ihr euch nicht vorstellen! Der böse Geist sprach mich an. Echt jetzt!

»Was, du hier und nicht mit Olivier in der tiefsten Hölle?«

Ich fiel fast um vor Schreck.

Er wusste alles Mögliche über mich, sogar, dass ich die Erbsen in meinen Schuhen gekocht hatte! Nur gut, dass ihm keiner in der Kirche ein Wort glaubte. Schließlich war er ja ein böser Geist, der ausgetrieben werden musste. Mein Glück.

Als Herzbruder zu mir kam, sah ich aus, als hätte ich bei *The walking death* mitgespielt, so geschockt war ich. Ich stand völlig neben mir, das könnt ihr euch bestimmt vorstellen.

Der teuflische Geist erschütterte mich so sehr, dass ich tatsächlich stehenden Fußes zur Beichte ging und mich endlich für ein Bekenntnis entschied, und zwar das katholische.

Die Idee mit der Beichte war jetzt genau richtig. Ich bekannte meine Sünden, bekam Absolution[4] und fühlte mich so erleichtert, als wäre mir der ganze Himalaya von der Seele genommen!

Wir blieben etwa vierzehn Tage in Einsiedeln und je länger meine Spontanbekehrung nach meiner Panikattacke her war, umso mehr ließ meine neue Frömmigkeit auch wieder nach. Bis ich fast wieder der Alte war.

Für den Rest des Winters zogen wir nach Baden. Ich erzählte Herzbruder von der Kohle, die in meinen Klamotten versteckt war, und erklärte ihm, dass es doch nur fair sei, wenn wir von Oliviers Geld leben würden. Schließlich hatte der uns übel genug mitgespielt.

Wir überschlugen uns vor gegenseitigen Freundschaftsbekundungen und einigten uns endlich auf Folgendes: Wir waren beide ziemlich cool, hielten zukünftig wie Pech und Schwefel zusammen und wollten das Geld als Team verjubeln.

---

3 Bei einem Exorzismus versucht ein Pfarrer, einem Besessenen einen Teufel auszutreiben.
4 Mir wurden in diesem Moment alle meine Sünden vergeben (was eine ganze Menge war). Das klappt aber nur bei den Katholiken.

Wir brachten uns gegenseitig auf den neuesten Stand, was in der letzten Zeit so alles passiert war (also, bevor wir uns wieder getroffen hatten) und als Herzbruder hörte, dass ich eine Frau in Lippstatt hatte, meinte er, ich müsse nun aber wirklich schleunigst zu ihr.

Das hatte ich eh vor und schrieb ihr einige Briefe, dass ich bald kommen würde. Ich musste mich ja wenigstens ankündigen.

Mein Herzbruder kriegte endlich Infos über seinen Kumpel, Graf von Götz aus Wien. Der hatte alles klarstellen können und kriegte wieder eine Armee. Glück für ihn und für Herzbruder, der damit schließlich auch die Kacke vom Bein hatte.

Ich war mittlerweile ziemlich angefressen, weil ich von meinem holden Eheweib absolut überhaupt gar keine Antwort auf meine Briefe bekam.

»Dann halt nicht!«, dachte ich bei mir. Ich war schon ein bisschen beleidigt wegen der Funkstille. Wärt ihr sicher auch gewesen.

Statt heim nach Westfalen zu reisen, machte ich deshalb den Trip mit meinem Kumpel. Meine Frau schien mich ja nicht sonderlich zu vermissen.

Wir besorgten uns das Nötigste: Klamotten, Pferde, Diener und Gewehre. Dann reisten wir über Konstanz bis Ulm, wo wir ein Schiff bestiegen und in acht Tagen gemütlich auf der Donau nach Wien schipperten.

Kap. 4-5

2 Von Glück, Pech und unerwarteten Söhnen.

Ich hatte wieder mal richtig Schwein, denn zufällig war auch der Graf von Wahl, unter dem ich in Westfalen gedient hatte, gerade in Wien. Bei einer kleinen Dinnerparty gab er ein paar Schwänke über den Jäger von Soest zum Besten und bedauerte, dass der in eine Hochzeitsfalle getappt war und sich aus dem Staub gemacht hatte.

Überraschend gut informiert, der Herr Graf!

Aber nicht gut genug. Deshalb nutzte Herzbruder die Chance und schilderte, was mir (also dem Jäger) passiert war. Kurz zusammengefasst und nur leicht geschönt, versteht sich.

Tatsächlich musste Herzbruder mich danach holen und, was soll ich sagen, dank meines unvergleichlichen Charmes wurde ich noch am selben Tag zum Hauptmann mit einer eigenen Kompanie ernannt. Mega!

Ich freute mich wie ein Schnitzel, jedenfalls bis ich mir die Kompanie genauer anschaute.

Sie bestand aus sieben abgehalfterten Taugenichtsen und wurde gleich beim ersten Kampf komplett zerschlagen. Na super!

Im selben Gefecht starb auch Graf von Götz, Herzbruder wurden seine Klöten weggeschossen und ich bekam einen Treffer ins Bein. Insgesamt also doch weniger erfreulich.

Wir wollten uns in Wien auskurieren, als Herzbruder plötzlich aus unerklärlichen Gründen eine Art Lähmung an Armen und Beinen bekam. Ihm wurde zur Sauerbrunnen-Kur in Griesbach im Schwarzwald geraten und natürlich ging ich mit ihm. Ich würde doch meinen besten Freund nicht im Stich lassen!

So schnell kann's gehen. Grad wollte Herzbruder sich noch gut verheiraten und Sprösslinge in die Welt setzen, jetzt war das wichtigste Werkzeug für diesen Plan Geschichte. Er war todkrank, auf dem Weg zur Kur und machte sogar sein Testament. Die treue Seele setzte mich als Alleinerben ein.

Ich brachte ihn nach Griesbach und organisierte im benachbarten Straßburg einen anständigen Arzt für ihn. Und stellt euch vor: Der Arzt entdeckte, dass Herzbruder vergiftet worden war, weil jemand seinen Posten wollte. Wieder mal.

Weil es nicht ganz geklappt hatte (er war ja nicht gestorben), hatten seine Feinde ihm die Kur im Schwarzwald eingeredet und somit war sein Platz ja auch frei. Ziel erreicht. Drecksäcke.

Herzbruders Kur sollte locker acht Wochen dauern. Das war die Gelegenheit für mich, doch mal zu meiner Frau zu fahren.

Also gondelte ich auf einem Schiff den Rhein runter[5] bis nach Köln. Dort traf ich meinen alten Freund Jupiter, der mal wieder auf einem Trip war. Diesmal hielt er mich für Merkur[6], nicht mehr für Ganymed wie früher. Sollte mir auch recht sein.

»Was bringst du Neues aus Münster, Merkur? Versuchen die Menschen, ohne meine Hilfe Frieden zu schaffen? Nichts haben sie gelernt, weder aus Armut noch aus Hunger noch aus der Pest. Sie haben den Frieden nicht verdient!«

Er redete immer noch ziemlich verschwurbelt daher. Aber man soll nicht mit Wahnsinnigen streiten.

»Großer Jupiter, alle wollen sich doch bessern. Gib den armen Menschen doch den Frieden!«

---

5 Per Pferd wäre es viel zu gefährlich gewesen, weil alle paar Kilometer feindliche Truppen lagerten. Das hätte nicht mal ich unbeschadet geschafft.

6 Für alle, die römische Götterkunde geschwänzt haben: Merkur ist der Götterbote (bei den Griechen Hermes genannt, wie der Paketbotendienst). Merkur bringt allerdings keine Pakete, sondern die Botschaften der Götter an die Menschen. Er ist schneller als das Licht dank geflügelter Sandalen. Und nein, die gibt es nicht bei Zalando.

»Die Menschen denken doch nur an sich selbst! Sie wollen gar keinen Frieden, nur Geld verdienen, Egoisten alle zusammen …«.

Er hatte sich komplett in seinem Wahn verheddert.

Sinnlos, ihn nach meinem Prozess in Köln zu fragen, also machte ich mich aus dem Staub und schaffte mich über Schleichwege heim nach Lippstadt.

Dort tat ich so, als wäre ich mein eigener Bote und erfuhr leider wenig Erfreuliches.

Meine Schwiegereltern waren jüngst gestorben und meine Frau hatte nach der Geburt unseres Sohnes auch den Löffel abgegeben.

Weil die Windpockennarben mein früher bildschönes Gesicht so hässlich gemacht hatten, erkannte mich tatsächlich niemand wieder! Ich redete sogar mit meiner Schwägerin, ohne dass sie mich erkannte.

»Meine Schwester war grad vier Wochen mit dem Simplicissimus verheiratet, als er mit einem bösen Trick nach Frankreich gelockt wurde. Sie und noch ein halbes Dutzend Bürgertöchter blieben schwanger zurück. Neun Monate später hat ihm eine nach der anderen einen Sohn geboren. Als meine arme Schwester starb, haben wir den Kleinen als unser Kind angenommen und Simplicius' Geld in Köln eingeklagt. Damit hatte der Kleine dann ein ganz gutes Startkapital.

Der Kleine ist so süß, er ist der schönste von all seinen Stiefbrüdern und wir geben ihn nie wieder her! Wenn mein Schwager Simpel wüsste, was für einen schönen Sohn er hier hat, der ihm noch dazu wie aus dem Gesicht geschnitten ist, käme er bestimmt sofort!«

Hm. Blöde Situation jetzt.

Aber meinem ehelichen Sohn ging es gut bei seiner neuen Familie und mit den unehelichen Söhnen (besser gesagt ihren Müttern) würde es vermutlich eher unschön werden.

Also behauptete ich weiterhin, dass ich nur ein Bote sei, und schenkte den frischgebackenen Eltern meines Sohnes Schmuck, den Herzbruder mir für meine Frau mitgegeben hatte.

Die brauchte ihn ja jetzt nicht mehr.

Dann durfte ich den kleinen Simpel, quasi stellvertretend für mich[7], auf den Arm nehmen. Da fing uns beiden gleichzeitig die Nase an zu bluten. Spooky, oder?

Da ging mir das Ganze doch ein bisschen an die Nieren, deshalb haute ich schnell ab und war zwei Wochen später wieder im Sauerbrunnen.

3 Das Kapitel ist irre lang, denn ich werde zweimal zum Trauernden, zum zweiten Mal zum Ehemann, ebenfalls zum zweiten Mal mehrfacher Vater, aber erstmalig zu einem ehrbaren Sohn.

Geschockt musste ich sehen, dass Herzbruder mitnichten geheilt war, sondern es im Gegenteil steil bergab ging mit ihm, obwohl ich mich rührend um ich kümmerte.

Weil ich nun ein frischgebackener Witwer war, bandelte ich nebenbei mit einer Dame im Sauerbrunnen an, die, nun ja, mehr mobilis als nobilis[8] war.

Seht selbst.

---

7 Ein bisschen verwirrend, ich weiß. Aber ich tat ja so, als wäre ich nicht ich. Deshalb wollte ich den Kleinen im Auftrag des Simpel drücken, obwohl ich ja eigentlich selbst der Simpel war. Beziehungsweise bin. Ach, ihr versteht schon.

8 Sehr barock, der Ausdruck. Aber den wollte ich euch nicht vorenthalten. Das bedeutet, die Dame war eher beweglich (im unanständigsten aller Sinne) als vornehm (ihr kennt vielleicht den Begriff *nobel*).

Ich ließ es mir gut gehen und suchte das Vergnügen, wo immer ich es finden konnte. Eines Tages traf ich am Sauerbrunnen die absolute Traumfrau und war sofort...

Feuer und Flamme. Sie war aber auch echt der Hammer.

Aber es blieb nicht bei der einen

Und die Folgen waren absehbar:

Drei Kinder von drei verschiedenen Frauen. Na toll!

Ja, da hab ich wieder ein bisschen was zusammengefasst. Seid nicht so ungeduldig, ich erzähle ja gleich die Details.

Nebenbei passierte noch was total Abgefahrenes im Sauerbrunnen. Einem sehr reichen Schweizer waren sein komplettes Geld und der gesamte Schmuck seiner Frau geklaut worden.

Er heuerte einen bekannten Hexenmeister an, der mit einem spiritus familiaris[9] den Dieb per Fernzauber so quälte, dass der freiwillig die Sachen zurückgab. Für diese beeindruckende Leistung bekam der Zauberer zehn Reichstaler als Finderlohn.

Ich war total geflasht. Hammer! Den Zauberer musste ich kennenlernen.

Das war natürlich nicht so ganz einfach, schließlich ist Hexerei, vorsichtig ausgedrückt, nicht unbedingt erlaubt.

Also verkleidete ich mich und setzte mich heimlich, zusammen mit meinem Knecht, in einer Kneipe zu dem Schwarzkünstler an den Tisch. Er merkte nichts – so gut war er also auch wieder nicht.

Stattdessen quatschte er fröhlich mit meinem Knecht und verriet ihm, wie man geklaute Sachen behalten könnte. Hätte der Dieb nämlich ein Stück seiner Beute in ein fließendes Wasser geworfen, hätte der Hexenmeister mit dem spiritus familiaris nichts mehr ausrichten können. Hm. Cool, musste man sich mal merken.

Das wollte ich natürlich gleich mal testen. Mein Knecht musste dem Hexenmeister seine zehn Taler klauen und gleich ein paar Batzen[10] davon in die Rench[11] schmeißen.

Als der Hexenmeister das merkte, versteckte er sich am Bachufer in einem Busch, vermutlich, um seinen spiritus familiaris zu beschwören. Er kam mit einem völlig verkratzten und verbeulten Gesicht zurück, allerdings ohne sein Geld. Der Geist schien ihm ganz schön übel mitgespielt zu haben. Gar nicht so ungefährlich, der Umgang mit Geistern und Teufeln!

---

9   Das ist ein kleiner dienstbarer Flaschengeist, der seinem Besitzer Glück bringt und auch sonst hilft. In meinem Buch über die Courasche spielt er eine etwas größere Rolle. Aber ich will ja nicht spoilern.

10   Der Batzen zählt zu den kleineren Münzen, ist also nicht so viel wert wie ein Taler. So wie der Pfennig zur Mark etwa, oh, sorry. Ich meine natürlich der Cent zum Euro.

11   Das ist ein kleines Flüsschen im Schwarzwald. Das schöne Städtchen *Renchen* ist nach ihm benannt.

Da tat mir der Zauberer direkt leid und ich gab ihm sein Geld zurück.

Aber irgendwie schien der böse Geist von da an hinter mir her zu sein, denn ab diesem Tag ging bei mir gefühlt alles schief.

Erst mal ließ ich es mir im Sauerbrunnen aber richtig gut gehen, denn ich ahnte ja noch nichts von meinem drohenden Pech. Ich war der Held im Zelt, alle fanden mich richtig cool.

Herzbruder ging es im Gegenteil jeden Tag schlechter, bis er zuletzt das Zeitliche segnete. Ich war echt ganz schön fertig, als mein bester Freund starb. Obwohl ich total am Ende war, organisierte ein fürstliches Begräbnis für ihn.

Ich versteckte mich, um eine kleine Depression zu schieben, am Renchufer.

Da sah ich ein wunderschönes Bauernmädchen, in das ich mich Hals über Kopf total verknallte. Sie hatte meinem Charme nicht wirklich was entgegenzusetzen und so heiratete ich die schöne Spröde.

Ich war derart verknallt, ich ließ gleich an das Bauernhaus anbauen, kaufte Vieh und Hausrat. Ich war gar nicht zu stoppen in meiner Begeisterung.

Böser Fehler, mein lieber Herr Gesangsverein.

Da hatte ich mir vielleicht eine Alte ausgesucht. Sie war halt einfach nur schön.

Im Bett lief gar nichts, kochen konnte sie auch nicht und hatte auch sonst keine Ahnung, was den Haushalt betraf. Na großartig. Ihre Kernkompetenz war scheinbar Wein trinken und anderen einen ausgeben. Oh Mann.

Ich konnte mich noch nicht mal bei jemandem ausheulen, ohne mich komplett lächerlich zu machen. So quälte ich mich ein knappes Jahr mit dieser Plage von Ehefrau rum.

Dann passierte wieder was völlig Verrücktes.

Ich machte mit ein paar Kumpels einen Ausflug und dann das:

Das ist doch der Oberhammer, oder?

Mein Knan war in echt nur mein Taufpate und endlich hatte ich erfahren, wer meine wirklichen Eltern waren. Meine Mutter hieß Susanna Ramsay und war tatsächlich die verloren gegangene Schwester meines Kommandanten aus Hanau.

Kapitän Sternfels von Fuchsheim war mein Vater und ich wurde bei meiner Geburt auf den Namen Melchior Sternfels von Fuchsheim getauft. Ich hatte es immer geahnt: Ich war ein Adliger!

Und der absolute Wahnsinn: Mein echter Vater war niemand anders als der Einsiedel, bei dem ich im Spessart gelebt hatte.

Mal ehrlich, so was kann man sich doch nicht ausdenken, oder?!

Mit meinem Petter[12] ritt ich in den Spessart, um mir eine ordentliche Geburtsurkunde und Papiere zu besorgen. Ich besuchte auch *meinen* alten Pfarrer, der mir vor einem Notar bestätigte, was damals alles wirklich so passiert war.

Der kleine Ausflug in meine Vergangenheit kostete mich dann leider über vierhundert Taler, weil wir auf dem Rückweg überfallen, komplett ausgeplündert und nackt ausgesetzt wurden. Dumm gelaufen.

Daheim ging meine Pechsträhne weiter: Meine hochschwangere Frau verkasperte meine ganze Kohle, eine Viehseuche hatte meinen Stall ziemlich leer geräumt und das mit den drei Kindern wisst ihr ja schon, wenn auch nicht die genauen Umstände. Stellt euch vor, in derselben Nacht bekamen meine Frau und unsere unverheiratete Magd ein Baby und gleichzeitig lag noch ein Baby auf unserer Türschwelle mit einem Zettel dabei, das wäre auch meins. Ach du Schreck. Wenigstens sahen mir zwei der Kinder einigermaßen ähnlich.

Das blonde Kind, das meine Frau zur Welt brachte, erinnerte mich allerdings eher an unseren Knecht. Hm. Schwamm drüber.

Ich musste alle drei Kinder taufen lassen und bekam noch eine satte Strafe für meinen offensichtlichen Ehebruch.

Der beste Freund meiner Frau war immer noch der Wein und so soff sie in kurzer Zeit erst ihr Kind und dann sich selbst in den Tod.

Also war ich zum zweiten Mal Witwer. Lief grad nicht so bei mir.

---

12 So nennt man bei uns den Paten. Bisher war er ja mein Knan. Ganz schön kompliziert, meine Familienverhältnisse. Ich weiß.

4 Ein vollkommen abgefahrener Trip, den ihr mir kaum glauben werdet.

Was wollte ich machen, es musste ja weitergehen.

Also gab ich meinem Knan-Petter und seiner Frau, meiner Göth[13] meinen Hof, als wären sie meine Eltern, ich hatte sie ja lange genug dafür gehalten.

Den kleinen *Simplicius*, den ich in jener Chaos-Nacht auf meiner Türschwelle gefunden hatte, nahm ich als meinen Sohn und Erben zu mir[14]. Ich schwor, nie mehr zu heiraten, und ganz ehrlich, zur Zeit hatte ich auf nichts weniger Bock als auf Frauen.

Petter und Göth hatten den Laden im Griff und ruck, zuck lief das Ding wieder rund.

Ich hörte im Sauerbrunnen unglaubliche Geschichten über einen geheimnisvollen See, oben auf einem der umliegenden Berge. Wenn man Steine hineinwirft, würde gleich ein großes Gewitter aufziehen. Was war das denn für eine Story? Und viele erzählten, dass Wassermännlein aus dem Mummelsee kommen würden[15].

Das wurde ja immer besser. Da musste ich hin!

Natürlich ging ich das Ganze streng wissenschaftlich an. Der Name *Mummel* ließ darauf schließen, dass irgendeine Art von Maskierung, also Vermummung, im Spiel sein musste.

Bestimmt steckte irgendein Geheimnis dahinter.

Ich war wild entschlossen, den Dingen (also in diesem Fall dem See) auf den Grund zu gehen. Mein Petter hielt mich für verrückt:

»Außer müden Füßen bringt dir das gar nichts!«, unkte er.

Ich kriegte ihn schließlich rum und er wanderte mit mir zum Mummelsee.

Sechs Stunden über Stock und Stein und durch den tiefsten Wald.

---

13 Ihr ahnt es sicher schon, so nennt man bei uns die Taufpatin. Eigenartiger Dialekt, ich weiß. Klingt aber woanders auch net besser.

14 Achtung, Spoiler-Alarm: Viel später kriegte ich raus, dass mir Courasche dieses Kind untergeschoben hatte, um mich zu ärgern. In Wirklichkeit war es das Kind ihrer Magd. Was die Courasche aber nicht wusste: Ich hatte mit ihrer Magd auch was am Laufen und deshalb war der Kleine wirklich mein Sohn. Da hatte sich die gute Courasche ins eigene Knie geschossen. Aber das erfuhr ich, wie gesagt, erst lange nachdem ich dieses Buch geschrieben hatte.

15 Alles in allem so was wie das Loch Ness vom Schwarzwald.

lange schon war ich begierig, den geheimnisvollen Mummelsee zu erkunden. Also überredete ich meinen Knan, mir den Weg zu zeigen und mich zu dem gruseligen und unheimlichen Ort zu begleiten.

Es hieß, dass wunderliche Dinge passieren würden, wenn man Steine in den See wirft.

Mein Knan warnte mich. Aber ich achtete nicht darauf.

Plötzlich verdunkelte sich der Himmel und ...

...aus dem See tauchten Kreaturen auf, die mich zuerst an Frösche erinnerten. Je näher sie aber kamen, desto größer und menschenähnlicher wurden sie.

Zu meiner Verwunderung hatten sie die Steine, die ich in den See geworfen hatte, dabei und legten sie wieder zurück ans Ufer

Einer von ihnen warf mir einen glitzernden Stein zu. Doch kaum hatte ich ihn aufgehoben, war mir...

...als würde ich ertrinken. Ich taumelte herum und stürzte ins Wasser.

So bald ich aber im Wasser war...

... konnte ich dank des Steines das Wasser statt der Luft atmen! Wie die Wassergeister konnte ich mühelos tauchen und glitt mit ihnen in die Tiefe.

Tief unten aber empfing mich der Fürst vom Mummelsee.

Im Dorf wurde von nichts anderem gesprochen als von meinem Verschwinden.

Der Fürst vom Mummelsee aber empfing mich freundlich und lud mich zu einer Reise ein in seine Unterwasserwelt und zum Sitz des Königs

Mein Knan lief entsetzt nach Hause und berichtete, was er gesehen und erlebt hatte.

Wir tauchten tief bis zum Mittelpunkt...

...der Erde, wo mich der König empfing

Zu meiner Verblüffung aber erwartete mich kein prachtvoller Palast, kein Hofstaat, Diener, Leibwächter oder Höflinge. Seine Majestät umschwebten vielmehr die Fürsten der verschiedenen Seen der Welt, und jeder von ihnen war nach der Art seines Landes gekleidet. Mit allen konnte ich mich verständigen.

Denn sie alle sprachen eine einzige Sprache.

Lange sprach ich mit dem König und er erklärte mir alles über sein geheimnisvolles Reich. Schließlich aber wurde es Zeit für meine Rückkehr

Zum Abschied schenkte mir der König einen schillernden Stein. Mit dem könnte ich, wo immer ich ihn hinlegte, eine Heilquelle entspringen lassen.

Kurz darauf fand ich mich wieder am Ufer des Mummelsees.

Ihr könnt euch nicht vorstellen, was ich auf meiner verrückten Reise zum Mittelpunkt der Erde alles erfahren hatte. Vom Fürsten des Mummelsees höchstselbst wusste ich jetzt, dass es vom Erdmittelpunkt bis an die Luft genau 900 Meilen sind.

Außerdem münden alle Seen, Meere und Flüsse der Welt im Zentrum der Welt, in der Wohnung des Königs (den ich ja besucht hatte). Das Ganze ist ein gigantisches unterirdisches Wasser-Verkehrssystem[16] durch das man an jeden beliebigen Punkt der Welt reisen kann. Coole Sache!

Der liebe Gott hatte die vielen Seen auf der Welt aus verschiedenen Gründen erschaffen:

1. Werden so alle Meere, Seen, Teiche etc. an der Erdoberfläche festgenagelt.
2. Durch dieses Seensystem wird das Wasser aus den Tiefen des Ozeans in alle Quellen und Brunnen gepumpt, um die Erde mit Wasser zu versorgen.
3. Damit die Wasserwesen und Sylphen darin leben und Gott loben können.

Ganz schön ausgefuchst!

Und weil wir so schön im Reden waren, erklärte mir der Fürst auch gleich noch die restliche Welt.

Das Wichtigste in Kürze. Engel sind Geisterwesen, die Teufel in der Hölle sind gefallene Engel, die Menschen wurden von Gott als sein Ebenbild mit einer unsterblichen Seele geschaffen, Tiere ohne Verstand und Seele. Die Sylphen (Wasserwesen) sind irgendwo dazwischen. Sie haben zwar eine Seele, die stirbt aber mit ihrem Körper.

Der Meer-König war nicht zum Regieren da, sondern eher eine Art Manager, der ein bisschen Struktur in die zahllosen, herumwuselnden Wassermenschen brachte und die Arbeiten einteilte.

Der Mummelseefürst klärte mich über einige Aufgaben der Wasserwesen auf:

»Wir müssen die Unwetter machen, wenn ihr Menschen Steine ins Wasser schmeißt, damit ihr damit aufhört. Sonst würden ja alle Unterwasserstraßen verstopfen!«

Nachvollziehbar.

---

16 So was wie eine Unterwasser-U-Bahn kreuz und quer durch die komplette Erdkugel. Irre!

Aber ich wollte noch mehr wissen und er machte den Erklärbär.

»Je nachdem, ob das Wasser in der Erde durch Steine, Metalle, Salze oder ähnliches fließt, bekommt es verschiedene Eigenschaften. Wenn es an die Oberfläche kommt, ist es dann süß, bitter oder salzig, gesund oder giftig und so weiter.«

Das und noch viel mehr (ich will euch nicht langweilen) erklärte mir der Mummelseefürst auf unserem Weg zum König im Mittelpunkt der Welt.

Seine Wassermajestät war erst ein bisschen ange-fressen wegen der Steine (sorry), aber wir ver-standen uns dann doch ganz gut.

Der Gute machte sich Gedanken über das nahende Weltende, weil die Menschen zu schlecht und verkommen wären und ihren Glauben an Gott verloren hätten. Er fragte mich, wie es im Moment oben so wäre.

Hm. Ganz unrecht hatte er mit seinen Vermutungen ja nicht, aber ich wollte kein Salz in die Wunde streuen und beruhigte ihn stattdessen, indem ich die Wahrheit geringfügig schönte.

»Alle Geistlichen auf der Erdoberfläche weltweit sind fromm, ehrlich und leben wie die Heiligen in der Bibel. Sie haben nichts im Sinn als das Seelenheil ihrer Schäfchen. Alle Fürsten halten sich streng an das Gesetz, sind fair, anständig und gerecht. Die Kaufleute, Wirte, Mediziner und Handwerker arbeiten aus reiner Nächstenliebe, nicht um etwas zu ver-dienen. Niemand lügt oder betrügt, es gibt weder Neid noch Hochmut, Zorn, Unkeuschheit, Trägheit oder Ähnliches. Kurz, die Laster oder Sünden wurden alle abgeschafft.«

Gott sei Dank hat das Wasser ja bekanntlich keine Balken, die sich biegen konnten.

»Krieg ist nur, weil sich die Menschen darum streiten, wer Gott am besten dient. Und die Soldaten sind alle liebe Menschen, die nur ihr Vater-land beschützen wollen.«

Das drückte ich dem König aufs Ohr.

Damit war er zufrieden und er lud mich zu einem kleinen Rundschwimmen (Rundgang ging ja schlecht) durch sein Reich ein. So kam ich in die Südsee, in der ich unfassbar schöne Dinge sah. Unglaublich!

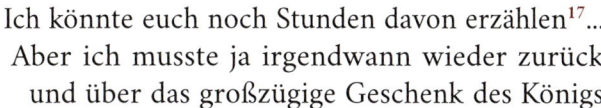

Ich könnte euch noch Stunden davon erzählen[17]...
Aber ich musste ja irgendwann wieder zurück und über das großzügige Geschenk des Königs hatte ich mich echt riesig gefreut. Ich hatte mir schon in den leuchtendsten Farben ausgemalt, wie mein Sauerbrunnen-Kurbad der angesagteste Kurort im Land werden würde.

Ich würde mein Geld im Schlaf verdienen!

Blöderweise hatte ich mich auf dem Heimweg komplett im Schwarzwald verirrt, den Zauberstein mitten im dichtesten Wald verloren und dort brachte mir die Wunderquelle halt gar nichts.

Mein Petter hatte damit übrigens recht behalten.
Ich hatte von meinem Ausflug nichts außer müden Füßen.

5 Wie ich zum Hofschwarzpulvermacher des Zaren und zu einem unfreiwilligen Globetrotter werde.

Ich hatte die Nase gestrichen voll. Als ich heimkam, zog ich mich erst mal in mein Studierzimmer zurück.

Aber irgendwie konnte ich mich für nix begeistern. Grammatik nervte mich, Arithmetik, Musik, Mathematik, Astronomie, Astrologie, ach, ich las überall ein bisschen rein, aber es hing mir alles ganz schnell wieder zum Hals raus.

Schließlich landete ich bei der Theologie und erfand mal nebenbei ein neues Gesellschaftskonzept, nach dem die Menschen wie im irdischen Paradies leben könnten:

Männer und Frauen bleiben getrennt, aber jeder nimmt Rücksicht auf den anderen. Alle arbeiten fleißig und sind fair im Umgang mit den anderen. Der Tagesablauf ist klar strukturiert, jeder tut seine Pflicht. Keiner ist neidisch, eifersüchtig, geizig oder raffgierig, alle leben im vollkommenen

---

17 Oder ihr lest es einfach nach. Genau. In meiner Original-Lebensbeschreibung!

Glück und Harmonie. Eigentlich ganz einfach. Etwas Ähnliches hatte ich bei den Wiedertäufern[18] gesehen. Die wurden aber für Ketzer[19] und damit für Verbrecher gehalten.

Also war da mitzumachen auch keine Option. Ach, irgendwie fand ich keine schlaue Lösung.

Und dann schaltete sich das Schicksal wieder ein.

Weil sich französische, hessische und schwedische Soldaten bei uns einnisteten, brachten wir unser Hab und Gut in den Wäldern in Sicherheit. In meinem Bauernhof hockte ein schwedischer Obrist, der ein paar meiner Bücher entdeckte und dadurch merkte, dass ich nicht wirklich ein Bauer war.

Er überredete mich erfolgreich, wieder zur Truppe zu stoßen. Mir war eh langweilig.

Ich überschrieb den Hof meinem Petter und seiner Frau, nach deren Tod sollte er meinem unehelichen Sohn Simpel gehören. Dann zog ich wieder Soldatenklamotten an.

Leider war der schwedische Obrist eine Luftpumpe und auf seine großen Sprüche, dass er mir einen geilen Posten besorgen wollte, konnte ich mir ein Ei backen.

Böser Fehler.

---

18 Die Wiedertäufer sind eine Gruppe der reformierten Christen. Also nicht mehr katholisch. Sie haben ganz eigene Ansichten, wie das richtige Christentum aussehen sollte. Das klappt wie bei allen Religionen mal besser und mal schlechter, je nachdem, wie man die Ideen auslegt.

19 Das sind Menschen, die sich nicht an die Lehre der Kirchen halten und deshalb verfolgt und bestraft werden (jedenfalls, wenn man sie erwischt).

Im Herbst kamen schwedische Truppen in unsere Gegend, und ein Obrist überredete mich, ihn nach Moskau zu begleiten

Also machte ich mich auf zu einer Reise ins russische Reich.

Voller Hoffnung und mit Aussicht auf einen guten Job beim Zaren kam ich mit dem Obristen im kalten Moskau an.

Brrr o ist mir kalt!

Eigentlich dachte ich, der Zar wollte von mir etwas über die Kunst der Kriegführung erfahren. Auf dem Gebiet war ich ja sozusagen Fachmann. Aber nein

Ich sollte Schießpulver herstellen und eine Pulvermühle errichten

.bekam ich zwar ein paar Blessuren ab, beim Zar aber war ich jetzt der King.

Was blieb mir übrig? Als ich aber bei einem Überfall von Tartaren auf die Pulvermühle meine Kriegskünste zeigen konnte...

Das muss man sich mal vorstellen. Über drei Jahre unfreiwillige Weltreise, ehe ich wieder heim in den Schwarzwald zum meinem Petter-Knan kam.

Ich hatte nichts mehr außer dem Bart, der mir unterwegs gewachsen war.

In Deutschland war inzwischen Frieden geschlossen worden und so konnte ich mich erstmal in meinem Bücherzimmer entspannen.

6 Nun erkenne ich mich selbst und werde wieder mal ein Einsiedler.

In einem meiner Bücher las ich einen Satz, der mir nicht mehr aus dem Kopf ging: *Nosce te ipsum.*

Das ist lateinisch und bedeutet: *Erkenne dich selbst.*

Ja, ich weiß, das klingt jetzt ein bisschen abgedreht. Aber irgendwie musste ich mir darüber echt Gedanken machen.

Mir ging mein ganzes bisheriges Leben durch den Kopf, mit allen ups und downs.

Ich hatte viel Glück und viel Unglück gehabt, war mal groß und mal klein, mal reich, mal arm, fröhlich und traurig, beliebt und verhasst, geehrt und verachtet gewesen. Aber was hatte ich aus meinem Leben gemacht?

Als ich nach dem Tod meines Einsiedler-Papas aus der Einsamkeit in die echte Welt kam, war ich noch fromm, demütig, rein, ehrlich, anständig und zugegebenermaßen noch ziemlich einfältig gewesen. Dann wurde ich böse, verlogen, eingebildet, überheblich, verbrecherisch und total gottlos. Ja, ich hatte so richtig den Moralischen.

Da kamen mir die Bücher eines gewissen *Antonio de Guevara*[20] in die Hände. Davon bekam ich die totale Depression. Ich wollte mich nur noch von dieser verdorbenen, verkommenen Welt verabschieden.

Tschüs, Welt … Leb wohl … Mach's gut… Adieu …[21]

Das Ende vom Lied war, dass ich wieder ein Einsiedler werden wollte.

Am liebsten bei *meinem* Sauerbrunnen, tief im Schwarzwald, wo ich dem Zauberstein des Meerkönigs blöderweise zu früh den Weg zurück ins Innere der Erde ermöglich hatte und seither die Wunderquelle sinnlos sprudelte.

Aber die Bauern dort verjagten mich, weil sie Angst hatten, dass jemand den Sauerbrunnen finden würde und sie eine Straße dahin bauen müssten. Worauf sie gar keinen Bock hatten, weil es eine Heidenarbeit gewesen wäre. Irgendwie ja auch verständlich.

---

20 Ein Schriftsteller aus Spanien, müsst ihr nicht kennen. War zu meiner Zeit schon alt.

21 In meiner originalen Lebensgeschichte zitiere ich jetzt seitenlang aus diesem Buch. Wenn euch diese Depri-Geschichten interessieren, könnt ihr sie ja im Original nachlesen.

Also suchte ich mir eine andere Wildnis und fing wieder an, wie im Spessart zu leben. Ob ich bis zu meinem Lebensende dort bleiben werde? Ich bin mir noch nicht sicher.

Aber fürs Erste wünsche ich uns allen vom lieben Gott, was wir uns am meisten wünschen, nämlich ein seliges

ENDE[22].

---

22 Also Ende des 5. Buches. Natürlich kommt noch das 6. Buch, bevor die Geschichte ganz fertig ist.

Sechstes Buch:
Continuatio[1] der Abenteuer des Simplicissimus oder der Schluss derselben.

AD ASTRA VOLANDUM

1 Einsiedelei ist nicht allzu aufregend und ich hab einen echt höllischen Alptraum.

Kap. 1–5

Bitte glaubt nicht, dass ich euch meine Lebensgeschichte erzähle, weil ich euch den Pausenclown machen will – ich bin ja selbst eher der ernste Typ[2].

Ich versuche nur deshalb, ein paar Witze in mein Buch einzubauen, damit ihr Spaß beim Lesen habt. Das ist so ähnlich, wie wenn ein Apotheker Zuckerguss um eine bittere Pille macht, damit ihr grauenhafter Geschmack übertüncht wird. Damit will ich nicht sagen, dass meine Geschichte so schlecht ist, sondern dass ich euch damit eigentlich etwas Sinnvolles beibringen will. Und das geht mit einem Lachen leichter als mit dem erhobenen Zeigefinger – ihr wisst, was ich meine.

Am Ende des fünften Buchs bin ich ja (wieder mal) Einsiedler geworden. Ihr habt euch sicher gefragt, warum?!

Also, die ersten paar Monate, als das Wetter noch recht warm war, lief es ganz gut mit der Einsiedelei. Ich kam ohne Wein und üppige Schlemmereien einigermaßen klar. Aber der Plan war ja, mich zu bessern und über mein sündiges Leben nachzudenken.

---

1 Das bedeutet *Fortsetzung*. Ich steh total auf lateinische Begriffe. Da komm ich so schlau rüber. Bei dem Pegasus (das ist das geflügelte Pferd) steht übrigens *ad astra volandum*, man könnte sagen *auf zu den Sternen*!

2 Habt ihr beim Lesen ja eh schon gemerkt.

Blöd war nur, dass immer, wenn ich an meine begangenen Sünden dachte, mir gleichzeitig der ganze Spaß in den Kopf kam, den ich dabei gehabt hatte. Dann schweiften meine Gedanken ab und ich schwelgte in lustigen Erinnerungen, statt wie geplant zu bereuen.

So saß ich auf meinem Berg, der Moos[3], im Schwarzwald, inmitten stockdunkler Tannen, aber mit grandioser Aussicht!

Richtung Sonnenaufgang hatte ich einen Wahnsinnsblick ins Oppenauer Tal, gegen Mittag[4] lag das Kinzigtal und die Grafschaft Geroldseck, zum Sonnenuntergang das Elsass und Richtung Mitternacht erstreckten sich Baden und der Rhein. Dazwischen ragte der mächtige Turm des Straßburger Münsters in den Himmel.

Statt zu beten und zu büßen, lag ich also faul in der Gegend rum und genoss den herrlichen Blick.

Ich hatte zwar wenig bei mir in der Einsiedelei, aber auf mein Fernrohr hatte ich nicht verzichtet und benutzte es ausgiebig. Nur nachts war es ziemlich nutzlos. Ich hatte ja schonmal erwähnt, dass ich ein Gerät erfunden hatte, mit dem ich über ziemlich weite Entfernungen, ich rede von einigen Wegstunden, in die Ferne hören konnte[5].

So vertrieb ich mir die Zeit und ließ den lieben Gott einen guten Mann sein.

Anfangs ging ich in der Umgebung um Almosen betteln, nahm aber kein Geld, sondern nur Lebensmittel. Das machte ganz schön Eindruck und so musste ich bald nicht mehr selbst gehen, sondern wurde von meinen Nachbarn mit Essensgeschenken überhäuft, weil sie mich für besonders fromm hielten.

Das gefiel mir richtig gut und ich legte mich entspannt auf die faule Haut und ließ mich verwöhnen. Dabei muss ich wohl eingenickt sein.

---

3 Den nennt man zu eurer Zeit Mooskopf.
4 Nein, die Aussicht änderte sich nicht mit dem Sonnenstand. Wäre ja auch kompliziert. In meiner Zeit benannte man so die Himmelsrichtungen. Also Sonnenaufgang für Osten, Mittag für Süden und so weiter.
5 Einige Jahre später sollte ein Gelnhäuser ein ähnliches Gerät erfinden, mit dem man in die Ferne hören und sogar sprechen kann. Vielleicht habt ihr mal davon gehört. Es nennt sich Telefon. Coole Sache, aber die Idee ist ja eigentlich von mir. Ich vermute, der Erfinder hatte mein Buch gelesen.

Einmal lag ich unter einer Tanne und war eingeschlafen. Da sah ich in einer tiefen Schlucht Luzifer, den Fürsten der Hölle inmitten seines höllischen Hofstaates.

Ich war mitten in der Überlegung weggedämmert, ob Geiz oder Verschwendung die größere Sünde wäre. Ihr kennt das bestimmt: Wenn man mit einem bestimmten Gedanken einschläft, träumt man davon. Und…

Genau, kaum hatte ich die Augen zu, sah ich dieses Bild von Luzifer, wie er auf seinem Thron in der Hölle angekettet war. Er wurde bedient von unzähligen höllischen Geistern.

Plötzlich kam eine Art Postbote hereingeflogen und brachte die Nachricht, dass in Deutschland wieder Friede herrsche. Der Krieg sei vorbei.

Da tickte der Teufel komplett aus und zerlegte fast die Hölle vor Wut. Bis Belial[6] sich traute, mal nachzufragen, wo denn der Schuh drücke.

»Mann, ich hatte mir so viel Mühe gegeben, die Welt in eine Gosse voller Abschaum und Sünde zu verwandeln und wegen meiner Faulheit haben sich die Sünden jetzt aus Deutschland verabschiedet. Und wenn ich nicht aufpasse, ist am Ende noch in ganz Europa wieder Frieden. Dabei war doch der Plan, dass wir noch schnell auf der Erde richtig zuschlagen, ehe das Weltende kommt. Dann kommen die sündigen Menschen alle zu mir in die Hölle, aber das hab ich komplett vergeigt!«.

Luzifer brüllte vor Zorn, aber Belial beruhigte ihn wieder: »Entspann dich mal. Du weißt doch, dass der Wein mehr ins Unglück stürzt als der Krieg und im Frieden sündigen die Menschen noch leichter als im Krieg.«

Ihre lautstarke Diskussion lockte Neugierige an und so versammelte sich ein Schwarm von Lastern und Sünden um die Beiden:

Hochmut (1), Geiz (2), Zorn (3), Rachgier (4), Trunksucht (5), Neid (6), Faulheit (7), Verleumdung[7], Wollust, Fressgier, Untreue, Lüge, Frechheit, Schleimerei, Schamlosigkeit und viele mehr in all ihren Gestalten kamen zusammen.

---

6   Das ist ein Unterteufel. Davon werden einige in der Bibel genannt.
7   Das ist so was wie Mobbing.

Den ganzen personifizierten Sünden hielt der Teufel eine Standpauke, weil sie so stinkfaul gewesen waren. Zur Strafe schmiss er die Faulheit auch gleich aus der Hölle[8], sie sollte zukünftig ihre Opfer lieber auf der Erde suchen.

Dann machte er den versammelten Sünden die Hölle heiß, falls sie nicht endlich fleißig wären und Menschen verführten, damit endlich neue Verdammte in die Hölle kämen.

Da ritt plötzlich ein blasser, verlotterter alter Kerl auf einem megaschäbigen Wolf daher und fing an, mit einer wunderschönen Frau auf einem traumhaften Pferd zu zanken.

Es war der Geiz, der sich mit der schönen Verschwendungssucht einen heftigen Fight lieferte. Er sei doch nur sparsam, sie nur freigiebig und jeder wollte die tollste Sünde sein.

Irre, was die beiden für Ideen hatten, um die Menschen zu verführen. Denn als Sünde gaben sie sich auf der Erde natürlich nicht zu erkennen.

Um die Diskussion der beiden irgendwie abzukürzen, befahl Luzifer eine Wette.

»Das Werk lobt den Meister[9]«, meinte er. »Der Geiz soll den englischen Adeligen Julus und die Verschwendung seinen Diener Avarus zum Sündigen bringen. Wer als Erster einen der beiden in die Hölle bringt, hat gewonnen.«

Die anderen Sünden waren begeistert und wollten alle gleich mithelfen.

Plötzlich kam ein Wind auf, der die beiden Sünden samt ihren Fans und natürlich mich auf das Schiff trug, auf dem Julus und Avarus von England nach Frankreich segelten. Die beiden Sünden hängten sich sofort an die beiden Männer und belaberten sie, um sie zu überzeugen.

Ja, ich weiß, die Geschichte klingt ziemlich absurd, aber ich will euch an diesem Beispiel zeigen, wie manchmal aus einer Mücke ein Elefant werden kann.

---

8   Eigentlich total unfair. Schließlich hatte die Faulheit als Einzige ihren Job gemacht und die anderen Sünden zum Faulenzen verführt. Genau betrachtet hätte der Teufel sie befördern müssen, nicht rauswerfen!

9   Heißt so viel wie: *Babbel net, mach. Dann sehen wir's schon.*

Kap. 6-8

2 Mein Traum, in dem Geiz und Verschwendung gegeneinander wetten.

Julus charterte für sich und seinen Diener Avarus eine Kutsche, um durch Holland zu reisen. Alle Sünden setzten sich mit hinein, jeder, wo er Platz fand. Die Verschwendung quetschte sich neben Julus, der Geiz schmuggelte sich in Avarus' Herz und ich kam aufs *Narrenkistchen*, das Gepäckfach hinten an der Kutsche.

So hatte ich das Glück, quasi im Schlaf jede Menge schöne Städte zu bereisen – so viele sehen manche Leute in ihrem ganzen Leben nicht!

Ich achtete aber vor allem drauf, wie Julus immer mehr Geld rauswarf und dabei noch unverschämter wurde. Avarus wurde immer geiziger, bis er sogar seinen Herrn Julus betrog, um noch mehr Geld zusammenzuraffen.

Wir fuhren mit der Kutsche durch Flandern, Brabant, Hennegau, Holland und so weiter, bis wir nach Paris kamen, wo Julus dann völlig abdrehte. Er schmiss das Geld mit zwei Händen zum Fenster raus. Während Julus sein Geld für immer sinnloseren Schwachsinn verplemperte, hatte der Geiz Avarus völlig eingewickelt. Alle, die Geschäfte mit Julus machten, mussten an Avarus Schmiergeld zahlen, sonst bekamen sie keine Aufträge mehr. Das gute Gewissen, die innere Stimme, wie auch immer ihr es nennen wollt, warnte die beiden. Aber sie waren komplett verbohrt und beratungsresistent.

Jedenfalls so lange, bis Julus' Papa Wind vom Treiben seines nichtsnutzigen Sohnemanns und dessen sauberen Freundes bekam und den beiden den Geldhahn abdrehte. Außerdem ließ er ausrichten, er würde seinen Sohn enterben, wenn der weiter so das Geld der Familie verprassen würde. Ups. Böse Drohung.

Aber Avarus hatte sich schon so in Schulden verstrickt, dass er keine Chance hatte, aus der Nummer rauszukommen. Die Spirale drehte sich immer schneller, der Papa wurde immer angefressener und so weiter. Schließlich starb der Vater, bevor er seine Drohung wahr machen konnte, und seine Mutter gab auch noch den Löffel ab. Jetzt war er Komplett-Alleinerbe und ließ es richtig krachen. Er lebte wie ein König und Avarus schaffte noch mehr auf die Seite als je zuvor. Die beiden trieben es noch eine ganze Zeit so weiter, aber ich will euch nicht mit zu vielen Details langweilen.

Jedenfalls wendete sich irgendwann das Blatt, das riesige Vermögen war auf einmal verprasst, alle Freunde weg, Julus und Avarus völlig verarmt und auf der Flucht. Schließlich endete Avarus am Strick und Julus wurde mit dem Beil hingerichtet.

Davon wachte ich auf und dachte über diesen komischen Traum nach.

Ich wusste jetzt, dass Freigiebigkeit schnell zur Verschwendung werden konnte und Sparsamkeit schnell in Geiz ausartete.

Aber welches von den beiden Lastern hatte die Wette jetzt eigentlich gewonnen?

Keine Ahnung. Vielleicht streiten sie ja immer noch …

3 Baldanders verrät einen großartigen Zauberspruch, um alle Dinge und Sachen reden lassen zu können und es wird wieder mal gepilgert.

Kap. 9–10

Mit dem Kopf voller Gedanken ging ich weiter durch die Welt.

Ich dachte über den Baldanders nach und über den Zauberspruch, den er mir in das Buch geschrieben hatte.

Codes knacken ist ja eine ziemlich coole Sache und er hatte mir den Schlüssel gegeben:

»Ich bin der Anfang und das End« hatte er gesagt. Der Zauberspruch lautete:

Das klang ja ziemlich geheimnisvoll!

Aber ich kam ziemlich schnell drauf, wie der Spruch zu lesen ist.[10]

Ich bin halt auch unglaublich schlau. Ein Fuchs halt. Ich war mit meinem Erfolg zufrieden und vertrieb mir die Zeit mit dem Lesen alter Heiligenlegenden.

Als Erstes kam mir der Heilige Alexander unter die Finger und mir wurde plötzlich klar, dass ich mit meiner öden Einsiedelei weder mich noch irgendjemand sonst weiterbrachte.

Ich war vollkommen nutzlos. Außerdem nahte der Winter und da macht das Einsiedeln viel weniger Spaß.

Deshalb beschloss ich, vom Einsiedler zum Pilger umzuschulen.

Ich baute mein Einsiedler-Outfit in eine Pilgerklamotte um, schnappte mir einen Apfelbaumstamm als Pilgerstab und organisierte mir eine Art Bettelerlaubnis.

Allerdings war ich nicht besonders fromm unterwegs, sondern gesellte mich eher zu den Landstreichern. Und ich war clever, ich nahm beim Betteln kein Geld an, sondern ließ mich zum Essen und Trinken einladen, so staubte ich viel mehr ab.

Ich streunte durch den Schwarzwald über Villingen in Richtung Schweiz.

Da mich alle für einen frommen Pilger hielten, wurde ich überall freundlich aufgenommen.

---

10 Denkt noch mal drüber nach: Der Anfang und das Ende … na, seid ihr draufgekommen? Falls nicht, dann helf ich euch: Der erste und letzte Buchstabe jedes Wortes ist wichtig und das ergibt dann: »*Magst dir selbst einbilden, wie es einem jedem Ding ergangen, hernach einen Discurs daraus formirn und davon glauben, was der Wahrheit ähnlich ist, so hastu, was dein närrischer Vorwitz begehrt.*« Oder in euren Worten: *Denkt euch einfach zu jedem Ding eine eigene Story aus.* Spitzenzauberspruch, gell?!

4   Was man mit einem Schermesser so anstellt und was dasselbige für ein mitleiderregendes Schicksal hat, das es aber nicht vor seiner Bestimmung rettet.

In Schaffhausen meinte es einer ganz besonders gut mit mir, ein wohlhabender Bürger hatte einen Narren an mir gefressen. Er war auch ziemlich weit gereist (wir waren also Brüder im Geiste) und er war von den Geschichten meiner (wenn auch unfreiwilligen) Weltreise total begeistert. Er nahm mich mit zu sich nach Hause und ich durfte in seinem feinen Haus übernachten.

Morgens wachte ich auf, weil ich dringend was erledigen musste. Ihr wisst schon.

Ich fand hinter einer tapezierten Tür einen speziell dafür bestimmten Ort, *Kanzlei* nannten sie ihn.

Während ich dort tat, was getan werden musste, dachte ich darüber nach, wie viel schöner es an diesem stillen Örtchen war als in meiner Wildnis. Nachdem ich fertig war, griff ich nach einem Blatt Papier, das auf einem großen Stapel bereitlag, um es seiner Bestimmung zuzuführen und mir damit den …

Ihr wisst schon.

»Ach!«, jammerte es.[11] »Undank ist der Welten Lohn. Jahrelang hab ich geschuftet, treue Dienste geleistet, Qualen, Gefahren, Mühen, Angst, Jammer und Not überstanden und muss jetzt so enden? Hätte mich doch gleich ein Tier gefressen, dann hätte ich als Dünger der Mutter Erde gedient. Das wäre allemal besser, als dass so ein Landstreicher sich den Hintern mit mir abputzt und ich im Scheißhaus untergehen muss. Wenn ich wenigstens im Klo des Königs von Frankreich benutzt worden wäre.«

Echt jetzt? Da labert mich das Klopapier blöd an?

---

11   Äh, ja, es war das Klopapier, das mit mir sprach. War mir bisher auch noch nie passiert. Nicht weiter drüber nachdenken, einfach akzeptieren und zuhören bzw. weiterlesen.

Dann lass mal hören: »Es wird ja wohl egal sein, ob sich ein König oder ein Bettler mit Dir den Hintern abputzt! Das Ergebnis ist in jedem Fall Scheiße.

Aber ich will dir die Gelegenheit geben, deine Unschuld zu beteuern und dir Audienz gewähren. Wenn du mich überzeugen kannst, will ich dich begnadigen.«[12]

Das versprach, unterhaltsam zu werden.

Das Schermesser[13] begann allen Ernstes, mir seine Lebensgeschichte zu erzählen:

»Zur Zeit Kaiser Wenzels bin ich im Dorf Goldscheuer, woher bekanntlich die weltbesten Hanfsamen kommen, als Samenkorn am Hanfstengel meiner Eltern gewachsen.[14]

Ein Händler verkaufte mich teuer an einen Bauern, der mich in einen fruchtbaren Acker warf und mich mit Pferde-, Schweine- und Kuhmist vollschmiss. Dennoch wuchs ich tapfer mit meinen Freunden zu einem kraftvollen, stolzen Hanfstengel heran.

Eines schönen Tages wurden wir brutal aus dem Boden gerissen und wie Gefangene in Bündeln zusammengebunden.

Doch damit begann unser Leiden und die Tyrannei der Menschen. Man schleppte uns in eine Grube, beschwerte uns mit Steinen und ertränkte uns mit Wasser. Als wir halb verfault waren, legte man uns elend und stinkend in Sonne, Regen und Wind.

Wir wurden am Feuer fast verbrannt und dann unter die Breche gelegt, wo uns alle Knochen in tausend Stücke gebrochen wurden.

---

12 Ihr wundert euch vielleicht. Aber die anderen schliefen noch, mir war langweilig und das war doch mal ein lustiger Zeitvertreib.
13 Schermesser ist ein anderes Wort für Klopapier. Ich weiß jetzt auch nicht, warum.
14 Nicht eben bescheiden, unser Schermesser …

Als wir dachten, es könnte nicht mehr schlimmer kommen, steckte man uns in eine Bläue[15], in der wir komplett zerquetscht, zerstampft, gestoßen und geschwungen wurden.

Ganz nebenbei bemerkt, schlug auch noch jeder Einzelne, der uns derartig quälte, Profit aus unserem Leid.

Noch am selben Tag wurde ich von einigen alten Weibern und jungen Lehrmädchen buchstäblich in meine Einzelteile zerlegt.

Sie hechelten[16] mich nach allen Regeln der Kunst durch, bis der Spinnhanf vom feinen Kaufmannshanf getrennt, und ich schön verpackt im Keller gelagert wurde.

Die Ruhe war trügerisch, denn schon am nächsten Tag wurde ich nach Straßburg gekarrt, über den Rhein nach Zwolle (das liegt in Holland) verschifft, erneut verhauen und durchgehechelt, in Amsterdam zu zartem Garn gesponnen, zu feinstem Holländischen Leinen gewebt und gebleicht.

Doch bis ich dahin kam, erlitt ich einiges an Verlusten.

Der erste und größte Teil von mir wurde zu Lunten[17] gesponnen und verbrannt, der zweite Teil zu Zwillich und Sackleinen verarbeitet, aus dem dritten Teil ein grobes Hanfgarn gesponnen und so weiter.

Ich selbst wurde an eine junge Magd verschenkt, die ein Hemd[18] aus mir nähte.

Als ich fadenscheinig wurde, zerschnitt sie mich zu Windeln und ich wurde täglich von ihrem Stammhalter vollgesch… und wieder ausgewaschen, bis ich nicht mal mehr dazu taugte.

---

15 Falls ihr mal lest, dass einer *verbläut* wurde im Sinne von *verhauen*, dann wisst ihr jetzt, woher das kommt.

16 Eine Hechel ist eine Mischung zwischen Rechen und Kamm. Damit werden die Hanffasern aufgedröselt.

17 Das ist eine Zündschnur, die man braucht, um ein Gewehr oder eine Pistole abzuschießen.

18 Stellt euch so was wie ein langes Nachthemd vor.

Ich landete bei den Lumpen, kam in die Papiermühle, wo ich wieder zerrissen und zerstoßen wurde. Mit Kalk und Alaun vermischt wurde ich zu einem Bogen Papier gepresst, schließlich zu einem Buch gebunden und verkauft.

Vom Lumpen bis dahin war ich durch die Hände von sechsunddreißig Menschen gegangen!

Mein Buch landete bei einem hohen Herrn, der mich in Ehren hielt, weil er in mir seine Betrügereien notierte.

Nach dessen Tod wurde mein Buch von den Erben zerrissen und als Packpapier benutzt. Nach dem Auspacken landete ich eben hier, wo ich, nachdem ich mein Leben lang den Menschen treue Dienste geleistet habe, in mein Verderben gestürzt werden soll. Wovor du allein mich retten kannst!«

Ich sagte: »Du kommst aus dem Schmutz und zu deinem Ursprung sollst du zurück!«

Damit vollstreckte ich das Urteil.

Das Schermesser nutzte seine letzten Worte zum Zetern: »So wie du mit mir umgehst, wird es dir dereinst auch ergehen! Auch du musst in den Staub zurück, aus dem du genommen bist!«

War mir aber egal.

5 Die echt abgefahrenen Tricks, die ich draufhabe und wie ich zum Ghostbuster werde.

Am Abend vorher hatte ich eine Liste verloren, auf der ich mal zusammengeschrieben hatte, was ich alles Geniales beherrschte, um nichts zu vergessen. Ich will euch hier mal ein paar Beispiele zeigen, was ich alles Cooles machen konnte:

> – *Lunten oder Zündstricke, die beim Abbrennen nicht riechen und dadurch einen Hinterhalt nicht verraten.*
> – *Lunten, die auch nass brennen.*
> – *Pulver, das nicht entzündlich ist (sinnvoll, wenn man große Mengen lagern will).*
> – *Menschen oder Tiere nur mit Pulver (also ohne Kugel) so zu beschießen, dass sie nur kurz wie tot liegen bleiben und danach wieder aufstehen.*
> – *Beim Rückwärtsschießen ins Schwarze treffen.*
> – *Machen, dass dich keine Kugel trifft.*
> – *Ein Instrument, um weit in die Ferne zu hören*
> – *...*

Auf der Liste standen noch viel mehr abgefahrene Sachen!

Blöderweise hatte mein Gastgeber sie gefunden und wollte wissen, ob diese Kunststücke alle ohne Zauberei funktionieren würden.

Er glaubte mir erst, nachdem ich ihm den Trick mit dem nicht entzündlichen Pulver gezeigt hatte und wie man das Pulver ganz leicht wieder brauchbar (also wieder leicht zu entzünden) machen konnte. Dann wollte er wissen, wie man kugelsicher wird.

Natürlich wollte ich meine coolsten Tricks nicht einfach so preisgeben, deshalb nahm ich ihn ein bisschen auf den Arm und gab ihm einen Zettel mit einem Zauberspruch, der ihn kugelfest machen würde.

Und glaubt mir, das war bombensicher! Der Spruch lautete:

Asa, vitom, rahoremarhi, ahe, menalem renah, oremi, nasiore ene, nahores, ore, eldit, ita, ardes, inabe, ine, nie, nei, alomade sas, ani, ita, ahe, elime, arnam, asa, locre, rahel, nei, vivet, aroseli, ditan, Veloselas, Herodan, ebi, menises, asa elitira, eve, harsari erida, sacer, elachimai, nei, elerisa.

Er war logischerweise begeistert.

Nach diesem Abschiedsgeschenk und einem Frühstück verdünnisierte ich mich relativ schnell den Rhein runter in Richtung Eglisau. Am Rheinfall legte ich ein Päuschen ein und bekam ein bisschen ein schlechtes Gewissen.

Nicht, dass der Gute sich jetzt für unverwundbar hielt, sich in den nächsten Kampf stürzte und dann in einem Kugelhagel umkam. Was dann ja schon ein bisschen meine Schuld gewesen wäre.

Also schrieb ich ihm einen kurzen Brief und erklärte ihm die Bedeutung des Zauberspruchs.[19] Man ist ja kein Unmensch. Und ein bisschen witzig war es ja auch.

Diesmal pilgerte ich komplett pleite und merkte, dass das mit ein paar Kröten im Säckel durchaus entspannter gewesen war. Ich schlug mich mehr schlecht als recht durch und wenn mich jemand bei sich übernachten ließ, erzählte ich zum Dank die abgefahrensten Storys.

Einige davon hatte ich selbst erlebt. Manche hatte ich aber auch einfach nur bei Plinius und Konsorten gelesen und gab sie als meine aus.

Zum Beispiel war ich weit im Westen bei den Troglodyten[20] gewesen, die keinen Kopf, sondern Augen, Nase und Mund auf der Brust haben. Ich schwadronierte von Kannibalen in Indien, von Grönländern, bei denen die Frauen Hosen anhaben[21], Berbern, die alle über 50-Jährigen schlachten, um sie den Göttern zu opfern, den Undeutschen hinter Livland, die sich mehrfach im Jahr in Werwölfe verwandeln, den selenitischen Frauen, die Eier legen und darin Menschen ausbrüten, die zehnmal größer werden als wir, und vielen anderen Völkern mehr.

Auch Geschichten von verrückten Brunnen, die es auf der Welt gab, verkaufte ich als meine Urlaubserlebnisse.

In Irland gab es zwei Brunnen. Das Wasser des einen machte alt und grau, wenn man es trank, das des anderen hübsch und jung.

---

19 Auch dieser Spruch lässt sich leicht entschlüsseln. Schon rausbekommen? Diesmal müsst ihr immer den mittleren Buchstaben nehmen. Also in Klarschrift: *Steh an ein ordt, da niemant hinscheust, so bistu sicher.* In eurer Sprache: *Stell dich dahin, wo keiner hinschießt, dann passiert dir nix.* Genau. Klappt garantiert immer! Bester Zauberspruch ever.

20 Die antiken Dichter Ktesias und Plinius erzählen von diesem Volk. Ja, jetzt staunt, ihr, was ich alles weiß, gell?! Jetzt muss ich doch mal ein bisschen angeben…

21 Nichts Besonderes, meint ihr? Zu meiner Zeit undenkbar, dass eine Frau in Männerkleidern rumläuft!

Ich wusste von giftigen Brunnen und welchen, die graues Haar wieder schwarz machten, Frauen fruchtbar oder Liebeskummer weg. Kein Spaß, echt! Ich kannte alle Flüsse, Seen und Meere auf der Welt, fantastische und unerhörte Landschaften.[22]

Der langen Rede kurzer Sinn: Wer mir zuhörte, war überzeugt, den verrücktesten Globetrotter ever vor sich zu haben.

Ich log so gut, dass ich mir schon fast selbst glaubte. Natürlich hatte ich auch die sieben Weltwunder mit eigenen Augen gesehen, sogar den Turm von Babylon. Letzteres erzählte ich nur, wenn ich sicher war, dass meine Zuhörer ungebildet genug waren, um nicht zu merken, dass ich grad einen vom Pferd erzählte. Denn einige dieser Dinge gab es schon seit Jahrhunderten nicht mehr. Aber die meisten merkten das gar nicht.

So quatschte ich mich nach Einsiedeln, danach weiter über Bern durch Savoyen nach Italien. Unterwegs waren die Leute immer wieder perplex, weil ich kein Geld annehmen, sondern nur Essen, Trinken und ein Bett haben wollte.

Das lief in den Dörfern besser als in den Städten. Deshalb ließ ich die Städte zukünftig links liegen.

Eines Tages regnete es wirklich Katzen und Hunde und als ich tropfnass bis auf die Haut an einem Schloss vorbeischlurfte, sah mich zufällig der Schlossherr und stellt euch vor:

---

22 Ich geb euch hier wirklich nur einen winzigen Ausschnitt meiner spannenden Reisegeschichten wieder. In meiner Original-Lebensbeschreibung erzähle ich seitenweise davon und das ist echt spannend! Also solltet ihr vielleicht doch mal das Original zur Hand nehmen.

Er lud mich zum Übernachten ein. »Herr Simplicius!«, rief er nach mir. Der kannte mich! Jetzt war ich baff.

»Ihr könnt bei mir schlafen. Ich weiß ja, dass ihr keine Angst vor Gespenstern habt. Aber das in eurem Zimmer lässt sich nicht einfach mit einer Peitsche verjagen. Gute Nacht!«, lachte er noch so und dann schloss er mich in einem Zimmer ein.

Äh, jetzt war mir doch geringfügig mulmig.

Immerhin dämmerte mir langsam, dass mich der Kerl aus dem Sauerbrunnen kennen musste. Denn da wollten mich mal ein paar Jungs drankriegen und hatten einen Fake-Poltergeist in mein Zimmer geschickt, weil ich nicht an Gespenster glaubte.

Logisch hatte ich das gleich gecheckt und den Möchtegerngeist mit meiner Peitsche so richtig verdroschen.

Dumm, dass ich den Bruder dieses Kerls zuerst nicht wiedererkannt hatte. Da musste ich jetzt wohl durch. Noch dazu vollkommen unbewaffnet. Nicht mal meinen Pilgerstab hatte ich zur Hand. Verflixt!

Schlag Mitternacht, klar, pünktlich zur Geisterstunde, öffnete sich die Zimmertür.

Die ich, nebenbei bemerkt, von innen auch verriegelt hatte. Schluck.

Die Tür ging auf. Herein trat ein würdevoller Mann mit einem langen, weißen Bart, gekleidet in einen langen weißen Talar. Ihm hinterher noch drei weiße, respekteinflößende Männer und als sie im Zimmer waren, wurde es plötzlich taghell.

Ich hatte mich unter der Bettdecke versteckt, nur meine Augen schauten noch raus. Ich kam mir vor wie eine Maus vor der Schlange.

Die vier bauten einen Barbierstuhl samt Zubehör[23] auf und ich sollte mich draufsetzen.

Ich hatte das Gefühl, mir krabbelt eine Katze den Rücken hoch, so ging mir die Düse.

»Bitte, lasst mich ungeschoren[24] davonkommen«, bettelte ich (zugegebenermaßen relativ unheldenhaft), »ich mach auch wirklich alles, was ihr wollt.«

Nicht besonders mutig, ich weiß, aber kommt ihr erst mal in so eine Situation!

Jedenfalls erzählte mir der Obergeist, dass er der Urahn des Schlossherren sei und schwer gesündigt hatte:

»Ich habe diese drei Richter hier bestochen und mir mit ihrer Hilfe illegal zwei Dörfer unter den Nagel gerissen. Und damit ordentlich Geld verdient. Deshalb müssen wir zur Strafe jede Nacht hier rumgeistern. Wenn du das meinem Urenkel morgen im grünen Salon unter meinem Portrait klarmachen würdest und ihm sagst, dass er dieses Geld zurückgeben muss, dann wären wir alle vier erlöst.«

Ich bin ja kein Unmensch, also versprach ich ihm, dass ich mich drum kümmern würde. Da verschwanden die vier Geister wieder und ich schlief ungeschoren, aber völlig fertig vor Angst ein.

6 Aus einer erfolgreichen Pilgerschaft wird eine unrühmliche Sklaverei.

Am nächsten Morgen kam der Schlossherr samt seinem Bruder und erwartete schadenfroh die Erfolgsgeschichte seines Schlossgespenstes.

Er war vollkommen gebügelt, als ich ihn nach dem grünen Salon fragte, von dem ich ja eigentlich gar nichts wissen konnte. Ich erzählte ihm von meinen vier neuen besten Freunden und was sie mir verraten hatten. Nachdem die zwei Brüder von den Sünden ihres Vorfahren wussten, fanden wir gemeinsam den versteckten Schatz und konnten die Gespenster endlich erlösen.

Ich aber hatte mir entweder von dieser Horror-Nacht oder von meiner Regenwanderung irgendwas eingefangen und lag zwölf Tage todsterbens-

---

23 Ein Barbier ist so was Ähnliches wie ein Friseur in meiner Zeit. Er schneidet aber nicht nur Haare und Bärte, sondern macht auch Aderlass, zieht Zähne und so was. Bisschen Richtung Friseur-Heilpraktiker. Ja, ich weiß, die Situation war völlig absurd. Aber ich kann ja auch nichts dafür, dass die vier Gespenster so komische Hobbies hatten.

24 Ungeschoren im Wortsinne, denn sie wollten mir tatsächlich die Haare scheren, also abrasieren.

krank im Bett, bestens versorgt vom Schlossherrn. Der war dermaßen froh, dass er endlich die Geister los war, dass er mir auf Lebzeit Freundschaft versprach und mich mit Geschenken überschütten wollte.

Bescheiden wie ich ja inzwischen geworden war, wünschte ich mir nur einen gefütterten Rock[25] und zog weiter. Mein Plan für die nächste Zukunft war, mal eben in alle Wallfahrtsorte der Welt zu laufen.

Ich war absolut sicher, dass Gott von meiner aktuellen Einstellung total begeistert war und mir deshalb helfen würde.

Also konnte ja gar nichts schiefgehen. Dachte ich …

Erstes Etappenziel war Loreto[26]. Unterwegs lernte ich einen Boten kennen, der mit mir reisen wollte und sich schließlich als gekaufte Reisebegleitung meines immer noch extrem dankbaren Schlossherrn entpuppte. Ich wollte wirklich keine weiteren Dankesbekundungen und schickte den liebenswerten Kerl heim.

Auf seinen Tipp hin untersuchte ich das Futter des Mantels, den ich im Schloss bekommen hatte.

Überraschung! Mein dankbarer Gönner hatte mir Geld hineinnähen lassen.

Also gut, dann nahm ich das Geld, um nach Jerusalem zu reisen. Denn bis dahin wäre es zu Fuß und ohne Geld selbst mit himmlischer Unterstützung ziemlich weit gewesen.

Also los: Loreto, Rom und dann aufs Schiff Richtung heiliges Land.

Wir segelten übers Mittelmeer bis nach Alexandria. Blöderweise hatte der türkische Pascha in Damaskus einen Krieg angezettelt, deshalb kam zur Zeit keine Karawane von Ägypten nach Judäa durch.

Weil in Alexandria gerade eine Seuche ausbrach, brachte ich mich nilaufwärts nach Kairo in Sicherheit. Irgendwann wurde es mir zu blöd, zu warten, bis der Pascha sich endlich wieder eingekriegt hatte.

Ich war neugierig, also schaute ich mich auf der anderen Nilseite um, wo man Mumien ausbuddelte. Bald kannte ich mich dort so gut aus, dass ich als eine Art Touristenführer Fremde dorthin eskortierte, um die Pyramiden zu bestaunen und Mumienpulver[27] zu holen.

---

25 Eine Art Mantel, das hatten wir ja schon des Öfteren.
26 Falls ihr das nicht kennt: Nach Rom ist das der zweitwichtigste Wallfahrtsort in Italien. Angeblich haben Engel das heilige Haus (also das Elternhaus der Jungfrau Maria) von Nazareth geholt und nach Loreto geflogen. Ja, ich weiß. Komisch, ist aber so.
27 Klingt seltsam, war aber in meiner Zeit total hip. Pulver aus zermahlenen Mumien wurde als Heilmittel verkauft, es wurde pur oder in diversen Tinkturen verwendet, man schluckte es oder rieb sich damit ein.

Auf einer dieser Ausflugs-Touren hatte ich dann Pech.

Arabische Räuber kidnappten mich samt meiner Touristengruppe, schmuggelten uns ans Rote Meer und verkauften uns dort nacheinander.

Ich blieb als Einziger übrig und dann kam es ganz dicke.

Wegen meines riesigen Bartes und langen Haares war ich nämlich der totale Exot.

Und das brachte meine Kidnapper auf eine geniale Geschäftsidee: Statt mich zu verkaufen, zogen sie mich aus, bastelten mir eine Art Lendenschurz aus Moos und zeigten mich gegen Geld in den Dörfern am Roten Meer als wilden Mann[28].

Sie hätten mich im wüsten Teil Arabiens, fernab aller Menschen gefunden, so ein bisschen Kaspar-Hauser-mäßig[29], erzählten sie den Leuten und ich selbst durfte keinen Ton von mir geben.

Das ging eine Zeit lang, bis wir in die Handelsstadt eines anderen türkischen Paschas kamen. Dort wurde ich wieder ausstaffiert und als wilder Mann aus der Wüste Arabiens vorgeführt. Der Zufall wollte, dass auch ein paar Europäer, der Sprache nach Deutsche, Italiener, Holländer und Franzosen, im Publikum saßen.

Ich kramte so viele Lateinvokabeln wie möglich aus den Tiefen meiner Gehirnwindungen, damit mich alle gleichzeitig verstehen würden, und setzte alles auf eine Karte.

»Um Himmels Willen, bitte rettet mich aus den Händen dieser Betrüger und Räuber, die mich hier zur Schau stellen!«, rief ich auf Latein.

Einer meiner Entführer wollte mich mit dem Säbel zum Schweigen bringen, aber die Europäer sprangen mir Gott sei Dank schnell bei und halfen mir.

---

28 Entführt und bestaunt werden zieht sich wie ein roter Faden durch mein Leben. Verrückt, oder??!

29 Kaspar Hauser war ein Junge, der angeblich als Kind allein bei Wasser und Brot in einem dunklen Raum gehalten wurde und erst im Alter von etwa 16 Jahren bei Menschen auftauchte. Spannende Geschichte!

Auf Französisch erklärte ich: »Ich bin ein Jerusalempilger, wurde entführt und von diesen Betrügern ausgestellt!«

Dann bat ich meine Landsmänner um Hilfe und schließlich wurde ich von Paschas Gnaden entlassen. Endlich war ich wieder frei und hatte noch dazu jede Menge neue Freunde, denn alle Europäer wollten mir helfen.

Es schien wieder bergauf zu gehen.

7 Meine Pläne ändern sich, ich erleide Schiffbruch und strande im Schlaraffenland 2.0.

Kap. 19–20

Weil es keine Aussicht auf baldigen Frieden und somit keine Chance auf den Transfer nach Jerusalem gab, änderte ich meine Pläne.

Ich buchte mich auf einem Schiff nach Portugal ein, um statt nach Jerusalem halt nach Santiago de Compostela zu pilgern. War ja fast genauso gut. Anschließend wollte ich mich zur Ruhe setzen.

Wir segelten vom Roten Meer auf dem Ozean in Richtung Kap der guten Hoffnung, als auf Höhe von Madagaskar ohne Vorwarnung ein Monstersturm über uns hereinbrach.

Es war ein Höllenritt zwischen Wellen und Wind, bis unser Schiff auf eine Klippe lief. Mitten im Orkan zerschellte es in tausend Stücke, alle versuchten in dem totalen Chaos irgendwie ihr nacktes Leben zu retten.

Ein Zimmermann und ich klammerten uns an ein großes Bruchstück des Schiffes und aneinander fest. Langsam legte sich der Sturm, eine stockfinstere Nacht brach an und wir dümpelten auf dem Wasser.

Irgendwann wurde der Himmel wieder klar und wir konnten an den Sternen erkennen, dass wir weg von Afrika, in Richtung der *terra australis*[30], des unbekannten Landes im Süden, getrieben wurden.

Was konnte denn noch alles schiefgehen?!

Irgendwann strandeten wir auf einem, ja, wussten wir auch nicht genau, Stück Land halt.

Ob es eine Insel war oder Festland, keine Ahnung.

Auf jeden Fall war die Erde sehr fruchtbar, alles war dicht bewachsen und die Vögel dort quasi handzahm. Es musste eine bisher unbekannte, auf jeden Fall unbewohnte Insel sein. Wir fanden Zitronen, Orangen und Kokosnüsse, mit denen wir uns erst mal über Wasser halten konnten.

Als wir die Insel erkundeten, fanden wir jede Menge Palmen, aus denen man Palmwein machen konnte. Das begeisterte meinen Zimmermannsfreund ohne Ende und er fing auch gleich an, eine Palme anzustechen, um an den Palmwein zu kommen.

Leider hatten wir keine Gefäße, noch nicht mal Hüte oder so, um den Wein aufzufangen.

Wir stiegen auf das kleine Gebirge der Insel, um einen Überblick zu bekommen.

Den hatten wir leider sehr schnell. Die Insel war überschaubar. Winzig!

Ich schätzte, in maximal eineinhalb Stunden konnte man einmal außen rum laufen.

Und ansonsten: Nur Wasser, so weit das Auge reichte. Keine Menschenseele. Verdammt.

---

30 Das bedeutet so viel wie *südliches Land*, denn das heutige Australien war zwar noch nicht entdeckt, man vermutete aber schon seit der Antike eine Landmasse irgendwo im Süden der Erdkugel. Quasi als Gegengewicht zu den nördlichen Kontinenten. Zu meiner Zeit verdichteten sich die Hinweise darauf.

Aber wir versuchten, der Situation noch etwas Positives abzugewinnen. Wir hätten auch in einer Wüste oder bei Menschenfressern landen können.

Schlimmer geht immer.

Also machten wir das Beste draus.

Es gab hinreichend Obst, Vögel konnten wir mit der Hand fangen und überall lagen Eier in Nestern. Verhungern würden wir schon mal nicht. Und auf der Ostseite der Insel war eine Süßwasserquelle. Dort wollten wir uns niederlassen.

Alles, was wir besaßen, war eine Axt, ein Löffel, drei Messer, eine Gabel und eine Schere, ein bisschen Bargeld (was gerade sinnlos war) und ich hatte noch mein Pulverhorn. Erst mal auch nutzlos, aber mit dem Inhalt konnten wir was anfangen.

Ich trocknete das Zündpulver in der Sonne und schaffte es, damit Feuer zu machen.

Wir fingen uns ein paar Vögel, ich briet sie an einem Stecken und mein neuer Kumpel, der Zimmermann, baute uns eine Hütte. Es gab Fische in Hülle und Fülle, Obst und Gemüse. Wir kamen uns fast vor wie im Schlaraffenland. Wenn wir nur ein bisschen Geschirr (unter anderem für den Palmwein) gehabt hätten, wäre es fast perfekt gewesen.

Ihr würdet vielleicht sagen, wir waren wie Robinson Crusoe mit seinem Freund Freitag.

Wir sahen uns auf der Insel um und als wir am Strand waren, fiel uns auf, dass da was im Wasser trieb.

Als es näher kam, erkannten wir, dass es eine halb tote Frau war, die sich auf einer Art Kiste festklammerte. Selbstredend retteten wir die Gute und versuchten, sie wiederzubeleben.

In unserer Not stellten wir sie schließlich auf den Kopf, klingt blöd, ja, aber so kam immerhin das ganze Wasser aus ihr raus.

Zur weiteren Reanimation hatten wir nur Zitronen, aber langsam kam sie zu sich.

Sie sah aus wie eine Christin aus Abessinien[31].

---

31 Die Gegend nennt ihr heute *Äthiopien*, liegt in Nordafrika.

Als sie zu sich kam, fing sie an, auf Portugiesisch zu reden und stellt euch vor, mein Zimmermannsfreund kannte sie.

Sie war als Magd einer reichen Portugiesin auf seinem Schiff mitgefahren.

Und als ob das noch nicht genug Zufälle wären, hatte sie in der Kiste, auf der sie sich übers Meer gerettet hatte, exakt die Sachen, die wir gerade brauchten: ein paar Stoffe aus China, Waffen und ein bisschen Geschirr. Unglaublich.

Sie würde uns das alles geben und für uns als Dienerin arbeiten, wenn wir sie bei uns aufnehmen würden.

Na ja, wir hatten ja alle drei nicht wirklich eine Alternative.

Also brachten wir unsere Neuheiten, Abessinierin samt Kiste und Inhalt, zu unserer Hütte. Der Zimmermann ging Palmwein holen, ich stieg hoch auf den Berg, um dort Eier aus den Nestern zu besorgen, damit wir sie auf Vorrat hartkochen konnten.

Dabei dankte ich meinem Schöpfer aus tiefster Seele für mein Überleben und dafür, dass er auf dieser Insel so reich für uns sorgte.

Denn da konnte man ja echt nicht meckern!

Bis ich wieder an unserer Hütte ankam, hatte sich dort allerdings ein Unheil zusammengebraut.

Der Zimmermann, der Mitte Zwanzig war (ich war schon über 40, also steinalt), und die Abessinierin waren sich sehr schnell sehr nahegekommen. Ist ja auch verständlich auf so einer wunderschönen Insel, mitten im prallen Leben und so.

Das war aber nicht das Problem.

Eher, dass dieses kleine Miststück ihm eingeredet hatte, sie würde ihn gern und sofort heiraten. Allerdings nur unter einer Bedingung und jetzt kommt's:

»Du musst den Alten um die Ecke bringen, denn es kann nicht gutgehen, wenn noch ein unverheirateter Mann in der Nähe wohnt. Du wirst sonst jedes Mal eifersüchtig, wenn ich mich mit ihm unterhalte.

Oder, ich habe noch eine bessere Idee.

Ich heirate den Alten, der macht noch höchstens zwölf oder vierzehn Jahre. In der Zeit kriege ich mit ihm eine Tochter, die kannst du dann heiraten, du bist dann ja immer noch jung genug.

Weil dann ja von Anfang an klar ist, dass ihr beide Schwiegervater und Schwiegersohn sein werdet, sollte es keinen Ärger geben!«

Das fand der Zimmermann nicht wirklich lustig und er brüllte wie ein Tier:

»Bevor ich mir dich entgehen lasse, schmeiß ich den Alten ins Meer und hau die ganze Insel zu Klump!« Das wollte sie nun auch wieder nicht und so machten die beiden ab, dass mich der Zimmermann mit der Axt von hinten oder halt im Schlaf erschlagen sollte.

Ein bisschen Respekt hatte er also doch vor meiner Kraft, auch wenn er mich dauernd *der Alte* nannte. Traute sich nicht, Mann gegen Mann zu kämpfen, der Feigling.

Von all dem hatte ich aber, wie gesagt, keinen blassen Dunst, als ich von meiner Berg-und-Eier-Wanderung zurückkam. Ich setzte mich ahnungslos an den Kisten-Tisch zum Essen und sprach ein Tischgebet, wie es üblich ist[32].

Als ich das Kreuzzeichen machte (wie immer vor dem Essen), tat es einen Schlag, unsere hinterlistige Köchin verschwand mit allem, was sie dabeigehabt hatte.

Übrig blieb nur ein grausamer Gestank.

Mein Zimmermannskumpel fiel davon in Ohnmacht. Hatte wohl eine empfindliche Nase, der Gute.

8 Neue Techniken und eine Leberzirrhose im Inselparadies, ein Grabstein und die Beschreibung der Welt mit Palmtinte.

Kap. 21-23

Als er wieder zu sich kam, fiel er auf die Knie und kriegte einen Heulkrampf nach dem anderen, so peinlich war ihm die ganze Geschichte.

Ich wusste ja bis dato noch nichts von der ganzen Beinahe-Tragödie und meiner drohenden Ermordung und kapierte rein gar nichts.

Er bettelte um Verzeihung und hörte nicht auf, rumzuheulen. Bis er mir endlich beichtete, was er fast verbrochen hätte.

---

32 Jedenfalls zu meiner Zeit war es üblich, vor dem Essen zu beten.

Das war in der Tat ein dicker Hund.

Aber dank meiner neu gewonnenen, tiefen Frömmigkeit verzieh ich ihm natürlich. Denn nachdem die Frau sich mit dem Kreuzzeichen wortwörtlich in (stinkende) Luft aufgelöst hatte, war ja bewiesen, dass es sich um einen Test des Teufels gehandelt hatte.

Konnte doch jedem mal passieren, dass man sich von einer Teufelsbraut verführen ließ.

Also Schwamm drüber und zukünftig Augen auf bei der Partnerwahl! Wenn dafür jemand Verständnis hatte, dann ja wohl ich.

Er wollte aber unbedingt bestraft werden, also schlug ich ihm vor, ein Kreuz zu schreinern und am Strand aufzustellen. Genau da, wo die Teufelin an Land gegangen war.

Quasi als Verbotsschild für zukünftige Teufel. Denn das mit dem Kreuzzeichen hatte ja offensichtlich ziemlich gut geklappt.

Mein Zimmermannsfreund war total übermotiviert.

»Spitzenidee. Und wenn ich schon dabei bin, mach ich noch zwei mehr, die stellen wir auf die zwei höchsten Berge der Insel!«, legte er gleich los.

Mir sollte es recht sein. Wir stellten die drei Kreuze auf wie geplant und schrieben noch drauf:

Gott dem Allmächtigen zu Ehren und dem Feind des Menschengeschlechts[33] *zum Verdruss hat Simon Meron aus Lissabon in Portugal zusammen mit seinem Freund Simplicius Simplicissimus, einem Hochdeutschen, das Zeichen des Leidens unseres Erlösers*[34] *gemacht und aufgestellt.*

Ab diesem Tag versuchten wir, einigermaßen fromm zu leben, und damit wir den Sonntag nicht vergaßen, ritzte ich jeden Tag eine Kerbe in einen Stock und sonntags ein Kreuz.

Ein selbst gemachter Kerbholz-Kalender, um nicht komplett das Zeitgefühl zu verlieren.

Da wir so schnell nicht von hier wegkommen würden, fingen wir an, uns ein bisschen einzurichten.

Mein Kumpel bastelte uns Schaufeln und Hacken, damit buddelten wir kleine Gruben am Strand, um aus verdunstendem Meerwasser Salz zu gewinnen, legten einen kleinen Garten an und fanden Tonerde, aus der wir uns Geschirr töpferten.

Nach und nach hatten wir es ganz nett und mein Kumpel fing an, den Palmwein in großen Krügen zu sammeln und ein paar Tage stehen zu

---

33 Ziemlich blumige Formulierung für den Teufel. Machte man gern so in meiner Zeit.
34 Nicht weniger blumige Formulierung für das Kreuz.

lassen, bis er vergoren war. Dann setzte er sich jeden Tag hin und trank sich einen Rausch an.

Und egal, was ich sagte, er soff weiter. Ich war chancenlos gegen den Wein.

Mein Kerbholz-Kalender zeigte an, dass wir schon etwa eineinhalb Jahre auf der Insel waren. Inzwischen hatten wir alles ganz gut im Griff, nur unsere Klamotten waren so fadenscheinig geworden, dass sie uns fast (eigentlich tatsächlich) vom Leib fielen.

Wir lebten zwar fast wie im Paradies, aber nackt wollten wir jetzt doch nicht durch die Gegend laufen. Also versuchten wir alles Mögliche und bastelten uns schließlich Klamotten, na ja, bessere Unterwäsche, aus Palmblättern.

Eigentlich hätte jetzt alles richtig super sein können, wenn mein Kumpel sich nicht buchstäblich zu Tode gesoffen hätte.

Ich begrub ihn so gut es ging und schrieb ihm Folgendes auf den Grabstein:

> Ich lieg hier und nicht
> im Meer begraben,
> auch nicht in der Hölle,
> weil um mich gestritten haben
> drei Dinge: Zuerst der wütende Ozean,
> Als Zweites der Höllenfeind Satan,
> Beiden entkam ich durch
> Gottes Hilfe aus meinen Nöten.
> Aber vom Palmwein, dem dritten,
> ließ ich mich töten.

Jetzt war ich schon wieder ein einsamer Einsiedler geworden. Na großartig. Sollte wohl so sein. Also fand ich mich damit ab und machte das Beste draus.

Aber als mein Zimmermannsfreund etwa eine Woche tot war, fing es plötzlich um meine Hütte herum zu spuken an.

Ich machte mich schon drauf gefasst, die nächste Schlacht gegen den Teufel zu schlagen, da stand plötzlich mein toter Zimmermann an der Felswand bei der Hütte. Mir rutschte erst mal das Herz in die Hose, das könnt ihr euch vorstellen.

Dann fand ich raus, dass er zur Strafe, weil er auf der Insel Geld versteckt hatte (auf das er sich mehr verließ als auf Gott) nach seinem Tod keine Ruhe fand. Ich erlöste ihn, indem ich das Geld aus dem Versteck holte. Das war eine meiner leichtesten Übungen.

Danach erschienen mir noch ein paar andere Gespenster, aber das führt jetzt zu weit.[35]

Wichtig ist nur, dass ich alle Erscheinungen besiegte. Logisch.

Schließlich war ich nach wie vor extrem schlau und ein Held!

Um nicht wieder auf dumme Gedanken zu kommen, nahm ich mir jeden Tag eine andere Arbeit vor und beschäftigte mich, so gut ich konnte.

Ich hätte nur so unfassbar gern ein Buch gehabt und was gelesen!

Das ging mir wirklich ab!

Da fiel mir ein, dass ich irgendwo mal aufgeschnappt hatte, die Welt sei wie ein Buch, in dem man die Wunder Gottes erkennen kann. Gute Idee, das probierte ich gleich mal aus – und es funktionierte.

Bei einer stachligen Pflanze dachte ich ab sofort an die Dornenkrone, beim Apfel an den Sündenfall im Paradies, in meinem Garten an den Ölberg und so weiter.

Das klappte ganz gut so weit.

Irgendwann fand ich raus, dass eine Mischung aus Brasilien-[36] und Zitronensaft eine Art Tinte ergab, mit der man auf Palmblätter schreiben konnte.

Das fand ich mega und so kam ich auf die Idee, meine Lebensgeschichte von Anfang an aufzuschreiben. Dabei wollte ich alles, was ich an Blödsinn angestellt oder an Sünden begangen hatte, noch mal in Gedanken durchgehen und aufschreiben und so vielleicht Gottes Vergebung erlangen.

---

35 Wo die Details dazu stehen, wisst ihr ja inzwischen.
36 Mit Brasilien meine ich Brasil- oder Rotholz. Mit diesem Holz kann man färben und rote Farbe herstellen. In meinem Fall eine Art von Tinte.

Also bastelte ich ein Buch aus Palmblättern und schrieb mein komplettes Leben, ungeschminkt und gnadenlos ehrlich, auf.

Das *Buch* legte ich zusammen mit den Geldstücken meines verstorbenen Kameraden bereit. Sollte irgendwann irgendjemand diese Insel finden, könnte er es mitnehmen und lesen, wer hier gelebt hatte.

Vielleicht könnte ich, wer auch immer mein Buch finden würde, den Finder anhand meiner Lebensgeschichte motivieren. Ist doch eine coole Sache, wenn sogar so ein schlimmer Finger wie ich von Gott begnadigt wird und die Chance bekommt, aus der verbrecherischen Welt zu verschwinden. Denn so habe ich die Möglichkeit, in den Himmel zu kommen und finde schließlich ein glückliches

ENDE.

9 Nach dem Wechsel der Erzählperspektive berichtet ein holländischer Kapitän, der einen Brief über eine geheimnisvolle Kreuzinsel an seinen Kumpel schreibt.

Bericht Jean Cornelissens von Harlem, holländischer Schiffskapitän, an seinen guten Freund German Schleifheim von Sulsfort[37] über den Simplicissimus

Du kannst Dich sicher noch erinnern, was ich Dir bei meiner Abreise versprochen habe.

Ich wollte Dir die allercoolste Seltenheit, die ich in Indien oder auf meiner Reise finde, mitbringen. Ich hab zwar einige selten Pflanzen für Deine Kunstkammer[38] gesammelt, aber das Abgefahrenste, was mir begegnet ist, ist das beigelegte Buch.

Ein hochdeutscher Mann, der mitten im Meer allein auf einer einsamen Insel lebt, hat es mangels Papier aus Palmblättern selbst gebastelt und sein ganzes Leben aufgeschrieben.

Was das für ein Typ ist und wie ich an das Buch gekommen bin, muss ich Dir erzählen:

Wir segelten von den Molukken in Richtung Kap der guten Hoffnung, als wir in eine Flaute gerieten. An Bord wurden immer mehr Seeleute krank und als plötzlich ein schwerer Sturm aufzog, verloren wir den Rest unserer Armada[39].

Mutterseelenallein dümpelten wir, als der Sturm abflaute, auf hoher See. Wir wussten nicht, wo wir waren, es wurden immer mehr Matrosen krank und Wasser und Essen wurden auch knapp.

Endlich entdeckten wir eine einsame Insel, unsere letzte Hoffnung. Als wir sahen, dass auf den Bergen der kleinen Insel Gipfelkreuze standen, wussten wir, dass es dort Menschen geben musste. Einen, wie sich herausstellte. Und zwar einen Deutschen.

---

37 Hier verrate ich euch was, was eigentlich nicht in meiner Lebensgeschichte steht. Mit dem Namen *German Schleifheim von Sulsfort* hab ich mir einen Spaß erlaubt. Er ist ein Anagramm meines eigenen Namens. Das bedeutet, wenn ihr die Buchstaben nehmt und neu zusammensetzt, ergeben sie: *Christoffel von Grimmelshausen* (So heiße ich nämlich im ganz echten, wirklichen Leben)

38 War zu meiner Zeit total hip: Ein Extrazimmer für besonders ausgefallene Sachen, sogenannte *curiositas*. Das ist so was Ähnliches wie ein kleines Privat-Museum.

39 So nannte man eine Gruppe von Schiffen, die gemeinsam längere Strecken segelte. Das war sicherer, zumal meistens auch ein paar bewaffnete Schiffe die Gruppe beschützten.

Obwohl meine Seeleute den Insulaner zuerst für einen ausgesetzten Sträfling oder einen Irren gehalten hatten, merkte ich schnell, dass er weder blöd noch ein Verbrecher, sondern ein sehr gebildeter Mann war.

Stell Dir vor, er hatte die Rinde aller Bäume mit biblischen Sprüchen beschriftet. Wo zu wenig Platz für Sprüche war, hatte er *INRI*, *Jesus*, *Maria* oder *memento mori* hingeschrieben.

Er hatte auf Deutsch, Latein, Hebräisch, Griechisch, Arabisch und Indisch geschrieben.

Krass, oder?

Wir fanden das Grab seines Kumpels und das Kreuz am Strand, von dem er in seinem Buch erzählt.

Er hatte auch auf alle Bäume noch zusätzlich Kreuze geritzt. Deshalb tauften meine Leute die Insel *Kreuzinsel*.

Wir gingen alle Mann an Land, damit sich die Kranken erholen und wir uns mit frischem Trinkwasser, Obst und Geflügel versorgen konnten.

Der rätselhafte Mann selbst war allerdings plötzlich wie vom Erdboden verschluckt.

Wir vermuteten ihn in einer versteckten Höhle, aber mit dieser Höhle stimmte etwas nicht. Jedes Mal, wenn wir sie betraten, gingen sofort alle Fackeln aus und es wurde zappenduster. Wir konnten die Höhle nicht erkunden und als wir es trotzdem versuchten, gab es aus heiterem Himmel ein schlimmes Erdbeben. Wir dachten schon, die ganze Insel würde untergehen! Sehr merkwürdig das alles!

Dann wurde ich dringend zu meinen Matrosen gerufen, bei denen auch irgendwas aus dem Ruder lief.

Als ich an den Strand kam, versuchte einer gerade, mit einer Palme zu fechten, die er für einen Riesen hielt. Einem erschien der Herrgott mit all seinen Heerscharen, der Nächste sah den Teufel samt Abgrund der Hölle im Sand, einer ritt auf dem Wasserfass, der Nächste angelte im Sand. Hä?

Sie waren offensichtlich alle auf einem Trip und der schien ansteckend zu sein. Denn immer mehr wurden wahnsinnig. Den Gesunden ging echt die Düse, weil wir ja alle nicht wussten, ob und wann es uns erwischen würde.

Die einen vermuteten, es könne eine Strafe Gottes sein, weil wir die paradiesische Insel des Deutschen entweiht hatten, die anderen meinten, er sei ein Zauberer und wolle uns von der Insel vertreiben.

Wer auch immer recht hatte, wir mussten den Inselbewohner finden, in der Hoffnung, dass er uns helfen konnte.

Mangels Alternativen wagten wir uns noch mal in die Höhle. Also wir versuchten es, denn wieder gingen alle Lichter aus und wir standen ratlos und verzweifelt im Dunkeln.

Da rief der Alte von weit hinten aus der Höhle: »Gestern musste ich vor euren bösen Reden fliehen. Nehmt euch von der Insel, was ihr braucht, aber lasst mich in Ruhe!«

Unser Schiffspfarrer schrie zurück: »Wenn du gestern böse Reden gehört hast, waren das irgendwelche Deppen unter den Matrosen. Wir wollen dir nichts Böses, ehrlich! Es tut uns furchtbar leid! Wir wollen dir nichts tun oder wegnehmen. Wir brauchen nur deinen Rat, was wir machen können, damit unsere Leute wieder klar werden. Die sind komplett durchgeknallt hier auf der Insel. Und wenn du willst, nehmen wir dich gern wieder mit heim. Wir sind doch Landsleute!«

»Na gut, ich bin ja kein Unmensch, wie die Typen gestern«, schrie er zurück.

Anstrengende Art der Unterhaltung.

»Eure Leute sind irre geworden, weil sie Pflaumen gegessen haben. Wenn ihr ihnen einfach nur die Kerne dieser Pflaumen gebt, werden sie sofort wieder normal. Also so wie vorher jedenfalls. Schaut einfach, an welchen Bäumen folgender Satz eingeritzt ist:

Wunder dich über meine Natur, ich mach es wie Circe[40]*, die zauberische Hur.*
Das sind die richtigen Pflaumenbäume.«

Jetzt checkten wir, dass der Deutsche ein echt anständiger Kerl war, der sich nur vor den Matrosen, die zuerst auf der Insel gelandet waren, erschreckt und deshalb versteckt hatte. Trotzdem half er uns.

Jetzt schämten wir uns schon ein bisschen.

Wir versuchten, ihn zu überzeugen, zu uns raus und mit uns heim nach Europa zu kommen.

»Ich bin jetzt seit über 15 Jahren auf dieser Insel und geh hier auch nicht mehr weg!«, war seine Antwort.

Auf Teufel komm raus wollte er nicht zu uns kommen. Als wir ihm aber klarmachten, dass wir ohne seine Hilfe nicht aus der Höhle finden würden und draußen ein paar Irre auf uns warteten, ließ er sich unter folgenden Bedingungen darauf ein, uns zu helfen:

1. Wir dürfen die nicht bestrafen, die ihn erschreckt hatten.
2. Es ist alles vergeben und vergessen.
3. Wir dürfen ihn nicht gegen seinen Willen mit nach Europa nehmen.
4. Keiner von uns darf auf der Insel zurückbleiben.
5. Wir dürfen niemandem verraten, wo die Insel liegt.

---

40 Hier machen wir wieder einen Ausflug in die griechische Sagenwelt: Ein griechischer Held namens Odysseus landet auf Circes Insel. Sie verwandelt seine Freunde in Schweine. Das Ganze geht aber gut aus. Die Details führen hier zu weit, könnt ihr nachlesen. Gute Geschichte, ist zwar nicht von mir, lohnt sich aber trotzdem!

Dann kam er, na ja, er erschien eher.

Denn in seinem langen Bart und den Haaren glitzer-
ten lauter Lichter und schlagartig wurde es hell in der
Höhle.

Ich dachte wirklich, ich träume – oder bin auch auf
dem Pflaumentrip.

Als er endlich bei uns ankam, begrüßte er uns
freundlich per Handschlag und gab jedem eins
seiner Lichter.

Es waren Leuchtkäfer. So was wie Turbo-Glüh-
würmchen.

Und wir kamen endlich aus der Höhle raus.

Der Deutsche war ein groß gewachsener, gut ausse-
hender Mann. Haare und Bart hingen ihm bis über den
Gürtel. Er trug einen Lendenschurz aus Palmblättern und
einen Binsenhut.

Er wollte aber in der Höhle nicht weiter mit uns reden, denn wenn man
in der Höhle Krach machen würde, gäbe es draußen ein Erdbeben.

Ah ja. Das hatten wir ja schon.

Draußen sahen wir, dass unsere Matrosen seine Hütte plattgemacht hatten.

Das war uns vielleicht peinlich. Er tröstete uns damit, dass wir ja nichts
dafür könnten.

Es sei auch nicht so schlimm. Nur sein selbst gemachtes Buch aus
Palmblättern würde er vermissen, aber auch das könne er ja noch mal neu
schreiben.

Der hatte vielleicht Nerven!

Wir trampelten in sein Leben, machten ihm alles kaputt und er half
uns noch.

10 Abschied von der Insel und letztes Kapitel.

Ich sammelte meine Seeleute am Strand und nach einer ordentlichen
Moralpredigt gaben die Jungs die geklauten Sachen freiwillig zurück.

Das Geld sollte ich in Holland armen Leuten spenden und sein selbst
gemachtes Buch schenkte mir der komische Inselheilige. Wir wollten ihm
auch etwas Gutes tun, aber er war zu bescheiden und wollte nichts annehmen.

Er half unserem Koch und unserem Barbier, unsere Kranken wieder
gesund zu machen.

Und er schien richtig Spaß dabei zu haben.

Weil ich mich doch irgendwie bedanken wollte, ließ ich unsere Zimmerleute eine neue Hütte für ihn bauen. Das war ja wohl das Mindeste, was wir machen konnten.

Ich versuchte, ihn zu überreden, wieder mit uns zu Menschen zu kommen.

Er antwortete. »Was soll ich dort? Da ist Krieg, hier ist Frieden.

Hier gibt es keine Sünden und keine Laster. Hier ist Ruhe, Sicherheit, ich kann in Gottes Frieden leben. Europa war während des Krieges voller Gewalt und Sünde und mit dem Frieden kamen die anderen Laster wie Gier, Maßlosigkeit und Eitelkeit, Fressen, Saufen und Spielen. Ich will da nicht wieder hin.

Hier bin ich mit meinem Herrgott allein, hab genug zu essen und es geht mir und meiner Seele gut!«

Damit war dann wohl alles gesagt.

Unsere Kranken wurden schnell gesund, wir reparierten unser Schiff, nahmen frische Vorräte auf und kamen nach etwa einer Woche nach St. Helena. Dort hatte ein Teil unserer Armada auf uns gewartet und wir segelten gemeinsam nach Holland zurück.

Verrückte Geschichte, oder?

Dem Brief beigelegt hab ich auch ein paar der Leuchtkäfer, die uns aus der Höhle gerettet haben.

Zum Abschied haben wir dem Einsiedler auf der Insel eine englische Brille[41] geschenkt, damit er leichter mit der Sonne Feuer machen kann.

Das ist das Einzige, was er von uns haben wollte. Außerdem haben wir ihm noch eine Axt, eine Schaufel, eine Hacke, zwei große Stücke Baumwollstoff, sechs Messer, eine Schere und zwei Kupfertöpfe dagelassen.

Und ein paar Kaninchen, die sich vielleicht auf der Insel vermehren, dann hätte er noch was zu essen.

Wir haben uns sehr herzlich verabschiedet und ich halte diesen Ort für den gesündesten der Welt, denn unsere Kranken wurden in fünf Tagen gesund und der Deutsche wurde, so lange er da lebte, nicht einmal krank.

ENDE.

---

41 Bei euch als *Lupe* bekannt.

Abschluss

Liebster aller denkbaren Leser[42].

der Simplicissimus ist ein Werk von *Samuel Greifnson vom Hirschfeld*. Ich habe es nach seinem Tod unter seinen Hinterlassenschaften gefunden. Dieser ominöse *Samuel* erzählt in diesem Buch, dass er noch ein Buch mit dem Titel *Keuscher Jospeh* verfasst hat.

In seinem *Satyrischen Pilger* sagt er, er habe Teile dieses Simplicissimus geschrieben, als er noch ein junger Musketier war und er habe seinen Namen durch Versetzung der Buchstaben verändert und anstelle seines richtigen Namens diesmal *German Schleifheim von Sulsfort*[43] auf den Titel geschrieben.

Weshalb er das gemacht hat? Keine Ahnung!

Ansonsten hat er noch mehr satirische Geschichten hinterlassen. Falls dieses Werk hier ein Erfolg wird, könnten auch die anderen gedruckt und veröffentlicht werden.

Diesen letzten Teil (also die Continuatio) wollte ich nicht zurückhalten, weil er selbst schon zu Lebzeiten die ersten fünf Teile in den Druck gegeben hatte.

Für heute auf Wiedersehen!

Rheineck am 22. April anno 1668

H.I.C.V.G[44]

P.[45] zu Cernheim[46]

---

42 Ja, ich weiß, manchmal bin ich ein bisschen blumig. Muss aber zum Abschluss noch mal sein.

43 Schaut mal ganz am Anfang des Buches. Da hatten wir das schon Mal. Erinnert ihr euch?

44 Das sind Initialen, also Anfangsbuchstaben, und die stehen für Hans Jakob Christoffel von Grimmelshausen.

45 P. ist die Abkürzung für *Praetor* und bedeutet so viel wie *Bürgermeister*.

46 *Cernheim* ist auch wieder eine Anagram. Es heißt im Klartext *Renchen* und das ist das Städtchen an der Rench, in dem besagter Grimmelshausen Bürgermeister war, als er dieses Buch schrieb. Inzwischen ist dort übrigens der 37. Bürgermeister nach Grimmelshausen im Amt und der heißt Bernd Siefermann. Ist aber, glaub ich, kein Anagram.

Verwendete Literatur

Grimmelshausen, Hans Jacob Christoffel von: Der Abentheurliche Simplicissimus Teutsch und Continuatio des abentheurlichen Simplicissimi. Hg. von Rolf Tarot. Tübingen 1984 (Gesammelte Werke in Einzelausgaben).

Grimmelshausen, Hans Jacob Christoffel von: Der Abentheurliche Simplicissimus Teutsch und Continuatio des abentheurlichen Simplicissimi. Hg. von Dieter Breuer. Berlin 2005

Grimmelshausen, Hans Jacob Christoffel von: Der abenteuerliche Simplicissimus Deutsch. Aus dem Deutschen des 17. Jahrhunderts von Reinhard Kaiser. Frankfurt am Main 2009.

Breuer, Dieter: Grimmelshausen-Handbuch. München 1999.

Meid, Volker: Grimmelshausen. Epoche – Werk – Wirkung. München 1984

Dank

Dieses umfangreiche Projekt konnte über eine Dauer von fast 2 Jahren in enger Zusammenarbeit aller Beteiligten umgesetzt werden. Für die Unterstützung und Förderung bedanken wir uns!

Gefördert im Rahmen des Kulturpakets II: Perspektiven öffnen, Vielfalt sichern

Wir danken ebenso für die finanzielle Unterstützung durch

... und noch ganz wichtig

Danke an meine Frau Uschi Knobeloch-Puth für viele kreative Anregungen und eine sorgfältige Bildredaktion.

Klaus Puth

Ich danke meiner Tochter Elisabeth für das kritische Lektorat, in dem sie mir alle Begriffe definierte, die ich in den Fußnoten erklären musste, meinem Mann für seine Geduld, fürs aufmerksame Korrekturlesen meinen Eltern, Tanja Bruske, Beate Kleespies, Waltraud und Dieter Spieker, Elke Weigelt und natürlich Prof. Haberkamm, Prof. Heßelmann und Prof. Werle von der Grimmelshausengesellschaft für konstruktive Kritik und aufbauende Worte.

Simone Grünewald, M.A.

Grimmelshausens Simplicissimus – alles andere als ein Roman für Gruftis

Es ist Simone Grünewald gelungen, den spannenden und abenteuerlichen Lebenslauf des Simplicissimus in einer leicht verständlichen Sprache nachzuerzählen, die heutigen Jugendlichen und jungen Erwachsenen gerecht wird.

Teilweise als Comic gestaltete Illustrationen von Klaus Puth begleiten den hippen Text. Die erfrischend-witzige Sprache und die pfiffigen Zeichnungen schaffen einen niederschwelligen Zugang zu einem ebenso komplexen wie wortgewaltigen, nach wie vor aktuellen Roman des 17. Jahrhunderts.

Die vergnügliche Lektüre motiviert Leserinnen und Leser vielleicht dazu, später einmal zum ungekürzten Original zu greifen – allererste Sahne.

Prof. Dr. Peter Heßelmann